ARQUITECTURA CONTEMPORÁNEA

CONTEMPORARY ARCHITECTURE
ARCHITETTURA CONTEMPORANEA
ARQUITECTURA CONTEMPORÂNEA

Editado por Macarena San Martín

Art director:
Mireia Casanovas Soley

Editorial coordination:
Simone Schleifer

Project coordination:
Macarena San Martín

Texts:
Esther Moreno

Layout:
Anabel Naranjo

Translations: Mary Cecelia Black (English), Emanuella Rossato (Italian), Elisabete Ferreira (Portuguese)
Multilingual management: LocTeam, Barcelona

Editorial project:
2008 © LOFT Publications | Via Laietana, 32, 4.°, Of. 92 | 08003 Barcelona, Spain
Tel.: +34 932 688 088 Fax: +34 932 687 073 | loft@loftpublications.com | www.loftpublications.com

ISBN 978-84-96936-17-1   Printed in China   Cover photo: © Andy Ryan
                                                          Back cover photo: © Pep Escoda

LOFT affirms that it possesses all the necessary rights for the publication of this material and has duly paid all royalties related to the authors' and photographers' rights. LOFT also affirms that it has violated no property rights and has respected common law, all authors' rights and other rights that could be relevant. Finally, LOFT affirms that this book contains no obscene nor slanderous material.

The total o partial reproduction of this book without the authorization of the publishers violates the two rights reserved; any use must be requested in advance.

If you would like to propose works to include in our upcoming books, please email us at loft@loftpublications.com.

In some cases it has been impossible to locate copyright owners of the images published in this book. Please contact the publisher if you are the copyright owner of any of the images published here.

ARQUITECTURA CONTEMPORÁNEA

CONTEMPORARY ARCHITECTURE
ARCHITETTURA CONTEMPORANEA
ARQUITECTURA CONTEMPORÂNEA

Editado por Macarena San Martín

"Architecture is humanity's great book."

Victor Hugo. French novelist

"L'architettura è il grande libro dell'umanità".

Victor Hugo. Romanziere francese

"La arquitectura es el gran libro de la humanidad."

Victor Hugo. Novelista francés

"A arquitectura é o grande livro da humanidade."

Victor Hugo. Romancista francês

12 URBAN PLANNING AND TRANSPORT
PIANIFICAZIONE URBANA E TRASPORTI
PLANIFICACIÓN URBANÍSTICA Y TRANSPORTE
PLANEAMENTO URBANO E TRANSPORTES

14 MADRID BARAJAS AIRPORT

22 MEMORIAL PEDESTRIAN BRIDGE

26 D-LINE TRAIN STATIONS

32 LURIE "SHOULDER" GARDEN

36 FEDERATION SQUARE

44 NATIONAL EMERGENCY SERVICES MEMORIAL

48 COLOGNE-BONN AIRPORT

54 IRISH HUNGER MEMORIAL

58 CENTRAL INDIANAPOLIS WATERFRONT
    CAPITAL CITY LANDING

64 MORI TOWER

72 CULTURAL FACILITIES
    CENTRI CULTURALI
    EQUIPAMIENTOS CULTURALES
    INSTALAÇÕES CULTURAIS

74 SOLID WOOD SCHOOL FOR MENTALLY
    DISABLED CHILDREN

80 MUSÉE DU QUAI BRANLY

86 SAINT FRANÇOIS MOLITOR CHURCH

92 HIGGINS HALL CENTER SECTION
    PRATT INSTITUTE

96 KUNSTHAUS GRAZ

102 MUR ISLAND

108 UDVAR-HAZY CENTER

116 POSTFOSSIL ECO-WOOD-BOX KINDERGARTEN

122 GALILÉE SECONDARY SCHOOL

130 LEISURE FACILITIES
STRUTTURE PER INTRATTENIMENTO
EQUIPAMIENTOS DE OCIO
INSTALAÇÕES DE LAZER

132 GOTA DE PLATA AUDITORIUM THEATER

140 TILES IN KVADRAT SHOWROOM

146 COMMERCIAL BUILDING AT LÖWENPLATZ

150 COFFEETIME COFFEE-LOUNGE

156 MULTIPLEX CINECITY - LIMENA

164 GREY LOUNGE

168 EVO

176 ICEBERGS BONDI

182 UNIVERSALE FIRENZE

186 5 SENTIDOS LOUNGE BAR

194 PUBLIC BUILDINGS, INSTITUTIONS, OFFICES
EDIFICI PUBBLICI, ISTITUZIONI, UFFICI
EDIFICIOS PÚBLICOS, INSTITUCIONES, OFICINAS
EDIFÍCIOS PÚBLICOS, INSTITUIÇÕES, ESCRITÓRIOS

196 AGBAR TOWER

204 CAJA GRANADA HEADQUARTERS BANK

210 NEW HEADQUARTERS OF CHILEAN NATIONAL TELEVISION

218 SHANGHAI INTERNATIONAL EXPO CENTER

222 BODEGAS VIÑA CHOCALÁN

230 CRISTALERÍAS CHILE S.A.

236 18TH CHAPTER OF FIREFIGHTERS

244 SANTIAGO JUSTICE CENTRE

250 FREMM

254 DIRECTORY

Urban Planning and Transport

Pianificazione urbana e trasporti
Planificación urbanística y transporte
Planeamento Urbano e Transportes

The design for the new terminal at Madrid's Barajas airport was created with the intention of turning it into the new gateway to southern Europe. It brings together concepts like functionality, aesthetics and interaction with its natural setting. The main achievements in the design of this environmentally-friendly airport lay in the choice of materials used and the use of natural light.

Il progetto del nuovo terminal dell'aeroporto di Madrid-Barajas nasce con l'intenzione di trasformare questo scalo nella nuova porta del sud dell'Europa e riunisce concetti come funzionalità, estetica e interazione con il contesto naturale. La scelta dei materiali e l'uso della luce naturale costituiscono il miglior risultato della pianificazione di questo aeroporto ecologico.

MADRID BARAJAS AIRPORT

Estudio Lamela Arquitectos, Richard Rogers Partnership

Madrid, Spain
1,200,000 m²/ 12,916,692.50 square feet

El proyecto de la Nueva Terminal del Aeropuerto Madrid-Barajas nace con la intención de convertirse en la nueva puerta del sur de Europa y reúne conceptos como funcionalidad, estética e interacción con el entorno natural. El mayor logro en el planteamiento de este aeropuerto ecológico residió en la elección de los materiales empleados y en el empleo útil de la luz natural.

O design do novo terminal do aeroporto de Barajas, em Madrid, foi criado com o fim de o transformar na nova porta de entrada da Europa do Sul. Nele se reúnem conceitos como funcionalidade, estética e interacção com o cenário natural. Os principais feitos do design deste aeroporto, ambientalmente correcto, assentam na escolha dos materiais usados e na utilização de luz natural.

South elevation

CAR PARK　　FORECOURTS　　CHECK-IN SPINE　　PROCESSING SPINE　　PIER

Longitudinal sections

Location plan

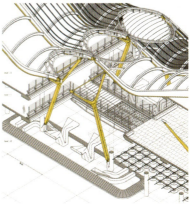

Structure detail

The uniqueness of this architectural design is that the building's skeleton is exposed. Each module is made up of concrete beams and Y-shaped pillars that serve as supports.

Un design architettonico unico che lascia scoperto lo scheletro dell'edificio. Ciascun modulo è composto da travi di cemento e da piloni a forma di "Y" che fungono da punti di appoggio.

La singularidad de este diseño arquitectónico es que el edificio muestra su esqueleto. Cada módulo se compone de vigas de hormigón y de pilares en forma de "Y" que funcionan como puntos de apoyo.

A singularidade deste design arquitectónico está na exposição do esqueleto do edifício. Cada módulo é constituído por vigas em betão e pilares em forma de Y que funcionam como suportes.

This monumental bridge located in the city of Rijeka pays tribute to the Croatian soldiers who fought in the Balkans War in the 1990s. The design meets the needs of this bridge as a place of transit and union between both shores of the river, while it has also become an architectural feature transforming the city's landscape.

Questo ponte monumentale, situato nella città di Fiume, rende omaggio ai soldati croati che hanno combattuto nella guerra dei Balcani negli anni Novanta. Il design risponde alla necessità di un zona di transito e di unione tra le due rive del fiume ed è divenuto, al contempo, un elemento architettonico che ha trasformato il paesaggio urbano.

MEMORIAL PEDESTRIAN BRIDGE

Studio 3LHD

Rijeka, Croatia
47 m²/ 506 square feet

Este puente monumental, situado en la ciudad de Rijeka, rinde homenaje a los soldados croatas que participaron en la guerra de los Balcanes en los años 90. El diseño responde a las necesidades de este lugar como zona de tránsito y unión entre las dos orillas del canal, y al mismo tiempo se ha convertido en un elemento arquitectónico que ha transformado el paisaje de esta ciudad.

Esta ponte monumental, situada na cidade de Rijeka, homenageia os soldados croatas que combateram na Guerra dos Balcãs, na década de 1990. O design cumpre os requisitos desta ponte como local de passagem e de união entre as duas margens do rio e, simultaneamente, tornou-se numa característica arquitectónica que transformou a paisagem da cidade.

Construction system diagram

Vertical walls to bear the weight of the main beam were built on the banks of the river. The main material used of which much of the bridge is made is steel.

Sulle sponde del fiume sono stati eretti dei muri verticali che sostengono il peso della trave principale. Per la loro costruzione è stato impiegato principalmente l'acciaio, materiale con cui è stata realizzata anche la maggior parte del ponte.

En los márgenes del río se construyeron muros verticales que soportan el peso de la viga principal. El material utilizado es fundamentalmente el acero, del que está formado gran parte del puente.

Foram construídos muros verticais nas margens do rio para suportar o peso da viga principal. O material essencialmente utilizado, de que a maior parte da ponte é feita, foi o aço.

The platforms for the D-Süd urban train line in Hanover were built to handle the influx of people to the city for the 2000 Universal Exposition. The result was the design of a series of shelters with a variety of external finishes that would distinguish the stops. The materials match the characteristics of the setting.

Le banchine per la linea D-Süd del treno urbano di Hannover sono state costruite per far fronte all'affluenza di visitatori in occasione dell'Esposizione Universale del 2000. Il risultato è stata la progettazione di una serie di pensiline, decorate e rifinite in diverse maniere, per distinguere le varie stazioni. I materiali utilizzati rispondono alle caratteristiche dell'ambiente circostante.

D-LINE TRAIN STATIONS
Despang Architekten

Hanover, Germany
210 m² each / 2,260 square feet

Las plataformas para la línea D-Sur del tren urbano de Hannover se construyeron para afrontar la afluencia de gente que recibió la ciudad a causa de la Exposición Universal del año 2000. El resultado fue el diseño de una serie de casetas, de diversos acabados exteriores que permiten diferenciar las paradas. Los materiales empleados responden a las características del entorno.

As plataformas para a linha ferroviária urbana D-Süd, em Hanover, foram construídas para fazer face ao afluxo de pessoas à cidade para a Exposição Universal de 2000. O resultado foi a concepção de uma série de abrigos com diversos acabamentos externos para distinguir as paragens. Os materiais correspondem às características da localização.

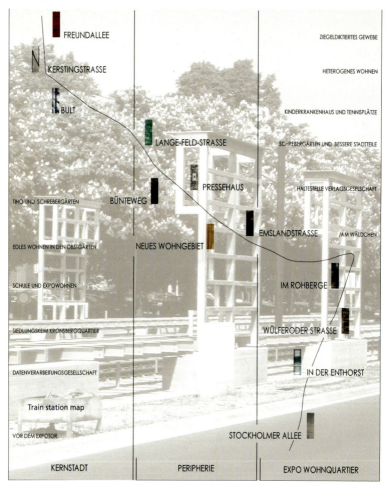

Train station map

The choice of materials to build the stations dovetailed with the desire to integrate the urban architecture into its surroundings. The structures of the shelters meet the functional needs.

La scelta dei materiali per la costruzione delle stazioni risponde al desiderio di integrare l'architettura urbana con il circondario. Le strutture delle pensiline soddisfano i requisiti funzionali.

La elección de los materiales para la construcción de las estaciones responde al deseo de integrar la arquitectura urbana en el entorno. Las estructuras de las casetas responden a las necesidades funcionales.

A escolha de materiais para a construção das estações ajustou-se à intenção de integrar a arquitectura urbana nos arredores. As estruturas dos abrigos cumprem as respectivas necessidades funcionais.

This landscape construction is part of the Lakefront Millennium Park located in Chicago's historic district. Located amidst emblematic buildings, it is made up of a number of distinct zones, one of the most prominent being The Shoulder Edge, a botanical garden brimming with symbols and educational features, which has become one of the most popular sites in the city.

Questa costruzione paesaggistica fa parte del Lakefront Millenium Park di Chicago, situato nella zona storica della città, nei pressi del lago Michigan. Ubicata tra costruzioni emblematiche, è costituita da zone distinte, tra cui spicca The Shoulder Edge, un giardino botanico ricco di simboli e caratteristiche didattiche, diventato uno dei luoghi più noti della città.

LURIE "SHOULDER" GARDEN
Gustafson Guthrie Nichol

Chicago, USA
12,643 m² / 136,088 square feet

Esta construcción paisajística forma parte del Lakefront Millenium Park, situado en la zona histórica de Chicago. Ubicada entre construcciones emblemáticas, está formada por diversas zonas diferenciadas. Una de las más destacadas es The Shoulder Edge, un jardín botánico lleno de símbolos y detalles didácticos, que se ha convertido en uno de los puntos destacables de la ciudad.

Esta construção de paisagem integra o Parque Lakefront Millennium, localizado no bairro histórico de Chicago. Situada entre edifícios emblemáticos, é constituída por diversas zonas distintas, sendo uma das mais notáveis o The Shoulder Edge, um jardim botânico repleto de símbolos e funções educacionais, que se transformou num dos locais mais populares da cidade.

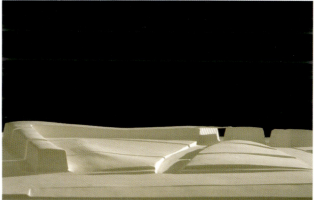

Models

The illumination is one of the key features in this garden. At night, the various lights transform the garden into a subtle container of light, creating a magical, theatrical atmosphere.

L'illuminazione è una delle caratteristiche salienti di questo giardino. Di notte, le diverse illuminazioni lo trasformano in un delicato contenitore di luce, creando un'atmosfera magica e teatrale.

La iluminación es uno de los puntos más importantes de este jardín. Por la noche, las diferentes luces transforman el jardín en un sutil contenedor de luz, creando un ambiente mágico y teatral.

A iluminação é uma das principais características deste jardim. À noite, as diversas luzes transformam o jardim num subtil contentor de luz, criando uma atmosfera mágica e teatral.

The Federation Square architectural complex was envisioned as a new social, political and cultural hub. It is located in the heart of the city, the architects designed a complex of buildings used for different activities while maintaining formal and visual cohesion. This space has become a key site for civil and cultural coexistence.

Il complesso architettonico Federation Square è stato concepito come un nuovo centro di vita sociale, politica e culturale. Situato nel cuore della città, il complesso è stato progettato come un insieme di edifici che, seppure dedicati ad attività diverse, mantengono una coesione formale e visiva. Questo spazio è diventato un luogo fondamentale di convivenza civile e culturale.

FEDERATION SQUARE
LAB Architecture Studio

Melbourne, Australia
44,000 m² / 473,612 square feet

El conjunto arquitectónico urbano Federation Square fue concebido como un nuevo centro social, político y cultural. Situado en el centro de la ciudad, los arquitectos diseñaron un conjunto de edificios dedicados a diferentes actividades, manteniendo una cohesión formal y visual. Este espacio se ha convertido en la actualidad en un lugar clave de convivencia cívica y cultural.

O complexo arquitectónico Federation Square foi visionado como um novo centro social, político e cultural. Estando situado no coração da cidade, os arquitectos projectaram um complexo de edifícios utilizados para diversas actividades, e mantendo simultaneamente uma coesão formal e visual. Este espaço tornou-se um local fulcral da coexistência civil e cultural.

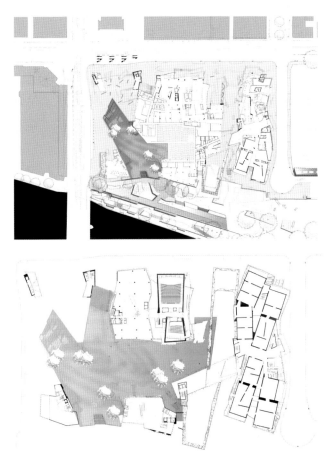

Location & Site plans

The architects sought visual coherence between the buildings. The shapes most often used on the façades were rectangles and triangles, while glass and zinc are the main materials in the complex.

Los arquitectos buscaron la coherencia visual entre los edificios. El rectángulo y el triángulo fueron las formas más utilizadas en las fachadas, y el vidrio y el cinc los materiales protagonistas del recinto.

Gli architetti hanno puntato sulla coerenza visiva tra gli edifici. Il rettangolo e il triangolo sono le forme più utilizzate per le facciate, mentre il vetro e lo zinco sono i materiali principali che costituiscono il complesso.

Os arquitectos procucaram a coerência visual entre os edifícios. As formas mais utilizadas nas fachadas foram os rectângulos e os triângulos, ao passo que o vidro e o zinco são os principais materiais do complexo.

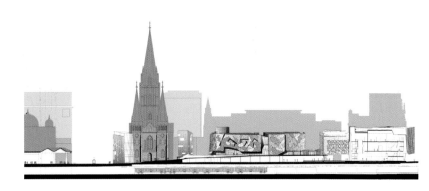

Front and side elevations

Surpassing all expectations, this site has become a benchmark for the inhabitants of the city and has even become one of the most popular tourist destinations in Australia.

Superando tutte le aspettative, questo luogo è diventato un punto di riferimento importante per gli abitanti della città e si è trasformato in una delle destinazioni turistiche più popolari dell'Australia.

Desbordando todas las expectativas, este lugar se ha convertido en un punto de referencia de los habitantes de la ciudad hasta transformarse en uno de los destinos turísticos principales de Australia.

Ultrapassando todas as expectativas, este local transformou-se em ponto de referência para os habitantes da cidade e tornou-se mesmo num dos mais populares destinos turísticos da Austrália.

This monument immerses the viewer in a space that symbolises the extreme dangers faced by the Australian Emergency Services. The solution chosen by the architects was a 23-metre long zigzagging wall consisting of three concrete walls on which an array of words and images remember and honour these workers.

Questo monumento avvolge lo spettatore in uno spazio che simboleggia le situazioni di estremo pericolo a cui devono far fronte i servizi di emergenza australiani. La soluzione adottata dagli architetti è costituita da un muro a zigzag lungo 23 metri e formato da tre pareti di cemento, su cui sono incise una serie di parole e di immagini in onore e in ricordo di questi lavoratori.

NATIONAL EMERGENCY SERVICES MEMORIAL

ASPECT Landscape Architecture & Urban Design

Canberra, Australia
500 m² / 5,382 square feet

Este monumento, sumerge al espectador en un espacio que simboliza la situación de extremo peligro que viven los Servicios de Emergencia Australiano. La solución adoptada por los arquitectos fue un muro de 23 metros de largo, construido en forma de zig-zag y formado por tres paredes de hormigón sobres las cuales diversas palabras e imágenes evocan y honran estos trabajadores.

Este monumento submerge o espectador num espaço que simboliza os perigos extremos enfrentados pelos Serviços de Emergência da Austrália. A solução escolhida pelos arquitectos foi um muro ziguezagueante com 23 metros de comprimento, consistindo em três muros de betão, sobre o qual uma série de palavras e imagens recordam e homenageiam estes trabalhadores.

To design both the wall and the frieze, innovative techniques were used that allowed a larger monument to be built than traditional methods would have permitted.

Per la progettazione del muro e del fregio si sono usate tecniche innovative, che hanno consentito di costruire un monumento di dimensioni maggiori rispetto a quelle che sarebbero state ottenute impiegando metodi tradizionali.

Tanto para el diseño de la pared como para el del friso, se utilizaron técnicas innovadoras que permitieron crear un monumento de una escala más grande que la que los métodos tradicionales hubieran permitido.

Para projectar o muro e o friso foram utilizadas técnicas inovadoras que permitiram construir um monumento maior do que seria possível através dos métodos tradicionais.

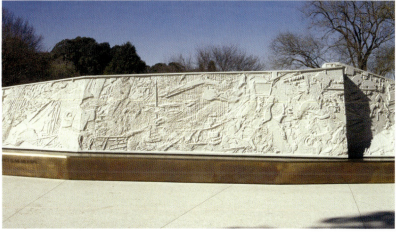

During the 1990s the number of passengers landing at the sole terminal in the Cologne-Bonn airport had exceeded the capacity forecast when it was built. The plans to expand the old terminal were a response to this problem. The key elements in the design were comfort and indoor light.

Nel corso degli anni Novanta, il numero dei passeggeri che atterrava nell'unico terminal dell'aeroporto di Colonia-Bonn aveva superato la capacità prevista al momento della sua costruzione. Per ovviare a questo inconveniente, è nato il progetto di ampliamento del vecchio terminal, i cui elementi chiave sono stati la comodità e la luminosità degli interni.

COLOGNE-BONN AIRPORT
Murphy/Jahn & Heinle, Wischer und Partner

Cologne-Bonn, Germany
69,000 m²/ 742,710 square feet

Durante la década los noventa el número de pasajeros que aterrizaban a través de la única terminal existente en el Aeropuerto Köln-Bonn había excedido la capacidad prevista cuando éste se construyó. Como respuesta a este problema, nació el proyecto de la ampliación de la antigua terminal. Los elementos claves en este diseño fueron la confortabilidad y la luminosidad de su interior.

Durante a década de 1990, o número de passageiros que aterraram no único terminal do aeroporto de Colónia/Bona excedeu a capacidade prevista aquando da sua construção. Os planos para expandir o velho terminal constituíram uma resposta para este problema. Os elementos chave do projecto foram o conforto e a luz interior.

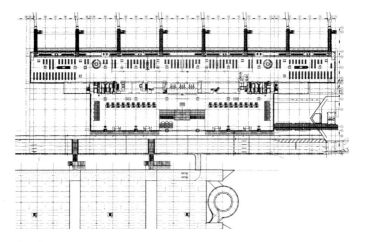

Floor plan

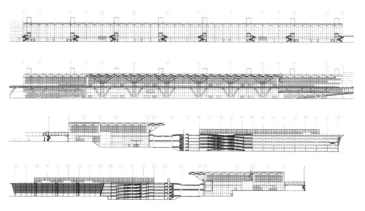

Sections

The use of glass on both the façade and the ceiling allows natural light to reach inside. This material furnishes a sense of brightness and also helps save energy.

L'impiego del vetro, sia per la facciata che per il tetto, permette alla luce naturale di penetrare all'interno. Questo materiale conferisce all'insieme una sensazione di leggerezza e consente un risparmio energetico.

La utilización del vidrio tanto en la fachada como en el techo permite que la luz natural acceda al interior del espacio. Este material aporta una sensación de ligereza y supone un ahorro energético.

A utilização de vidro tanto na fachada como no tecto permite que a luz natural penetre no interior. Este material proporciona uma sensação de luminosidade e ajuda também a poupar energia.

In addition to serving as a tribute to all the Irish people who suffered the disastrous consequences of the potato famine between 1845 and 1852, this monument was also envisioned to raise society's awareness of famine in the world today. The design was based on a route in which typically Irish materials and other elements were used, symbolising the decline of the age.

Oltre a essere un omaggio agli irlandesi che hanno sofferto le disastrose conseguenze della grande carestia tra il 1845 e il 1852, questo monumento è stato concepito per sensibilizzare l'opinione pubblica sul tema della fame nel mondo oggi. Il progetto si basa su un percorso in cui sono stati impiegati materiali e altri elementi tipicamente irlandesi, a simbolo del declino dell'epoca.

IRISH HUNGER MEMORIAL
1100 Architect

Manhattan, New York, USA
1,516 m² / 16,318 square feet

Este monumento, además de ser un homenaje a aquellos irlandeses que sufrieron los desastres de la pérdida de la cosecha de patata entre el 1845 y el 1852, fue pensado también para concienciar a la sociedad sobre el hambre actual. El proyecto se basa en un recorrido en el que se emplearon materiales y otros elementos típicos de Irlanda, que simbolizan el decaimiento de la época.

Além de servir de tributo a todos os irlandeses que sofreram as consequências desastrosas da «fome da batata» entre 1845 e 1852, este monumento foi projectado para consciencializar a sociedade relativamente ao problema da fome no mundo actual. O projecto baseou-se numa rota em que eram usados materiais tipicamente irlandeses e outros elementos, simbolizando o declínio da época.

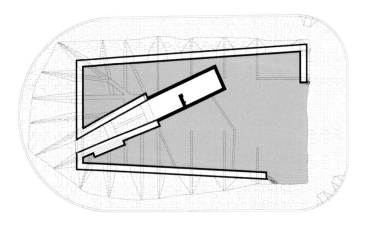

Ground floor

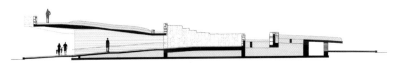

Longitudinal section

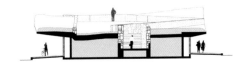

Cross section

This site represents the characteristic Irish landscape of the time and features a stark contrast between its rural appearance and its urban and contemporary setting, common to all large cities.

El lugar representa el característico paisaje irlandés de la época, produciéndose un gran contraste entre su aspecto rural y su entorno, urbano y contemporáneo, propio de las grandes ciudades.

Questo luogo rappresenta il paesaggio caratteristico dell'Irlanda, sottolineando il forte contrasto tra l'aspetto rurale e l'ambiente urbano contemporaneo, tipico delle grandi città.

Este local representa a paisagem irlandesa característica da época e apresenta um perfeito contraste entre o aspecto rural e o cenário urbano e contemporâneo, comum a todas as grandes cidades.

The urbanisation of the White River as it wends its way through the U.S. city of Indianapolis transformed this space. The architects designed a series of open spaces that connect the promenade on the banks of the river with the city. This design resolved the problem of the residents' calls for an area open for public use while simultaneously creating a spot of outstanding beauty.

L'urbanizzazione di White River, che si snoda attraverso la città americana di Indianapolis, ha trasformato questo spazio. Gli architetti hanno progettato una serie di spazi aperti che collegano le passeggiate sulle rive del fiume con la città. Questo progetto ha soddisfatto le richieste di un'area di uso pubblico da parte degli abitanti, creando al contempo uno spazio di straordinaria bellezza.

CENTRAL INDIANAPOLIS WATERFRONT CAPITAL CITY LANDING

Sasaki Associates

Indianapolis, United States

La urbanización de la ribera del río White a su paso por la ciudad norteamericana de Indianápolis transformó este espacio. Los arquitectos diseñaron un sistema de espacios abiertos que conectan los paseos de las orillas del río con la urbe. Este proyecto resolvió la demanda de los habitantes que reclamaban una zona de uso público, creando a su vez un área de gran belleza.

A urbanização ao longo do percurso do Rio White através da cidade norte-americana de Indianápolis transformou este espaço. Os arquitectos conceberam vários espaços abertos que ligam os passeios nas margens do rio à cidade. Este projecto resolveu o problema da exigência dos residentes de uma área aberta para uso público, criando simultaneamente um local de beleza notável.

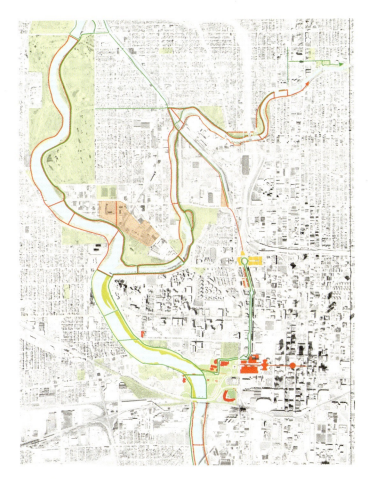

Location plan

The design consisted of minimising the sense of separation between the river and the city created by the enormous dykes and walls. To accomplish this, promenades were built on either side.

Il progetto intendeva ridurre al minimo il senso di separazione tra il fiume e la città suscitato dagli enormi muri e argini. A questo scopo, sono state costruite le passeggiate su entrambe le rive.

El proyecto consistía en minimizar la sensación de separación entre el río y la ciudad creada por los enormes diques de contención y muros, para ello se construyeron zonas de paseo a ambos lados.

O projecto consistiu em minimizar a sensação de divisão entre o rio e a cidade, criada pelos enormes diques e muros. Para este efeito, foram construídos passeios em ambas as margens.

In addition to urbanising the area, the design of this new public space contributed to the development and rising importance of certain particular spaces, such as Celebration Plaza.

Il design di questo nuovo spazio pubblico ha contribuito non solo all'urbanizzazione dell'area, ma anche allo sviluppo e alla promozione di altri spazi particolari, quali la Celebration Plaza.

Además de la urbanización del entorno, el planteamiento de este nuevo espacio público contribuye a que se desarrollen y adquieran importancia ciertos espacios particulares como la Celebration Plaza.

Além de urbanizar a área, a concepção deste novo espaço público contribuiu para o desenvolvimento e para a crescente importância de determinados espaços específicos, como a Praça Celebration.

The Mori Tower is part of a monumental urban complex located in one of the main centres of the Japanese capital and consists of 58 floors used for a variety of purposes. The shape of the tower resembles both contemporary and traditional Japanese constructions and was inspired by elements like origami and the armour of the ancient samurai.

La Torre Mori, formata da 58 piani adibiti a usi diversi, fa parte di un monumentale complesso urbanistico situato in una delle zone principali della capitale giapponese. La forma della torre riecheggia sia le costruzioni contemporanee giapponesi che quelle tradizionali e trae ispirazione da elementi, quali gli origami e le armature degli antichi samurai.

MORI TOWER

KPF – Kohn Pedersen Fox Associates

Tokyo, Japan
327,948 m² / 3,530,003 square feet

La Torre Mori forma parte de un monumental complejo urbanístico situado en una de las principales áreas de la capital japonesa, y está compuesta por 58 pisos de diversos usos. La forma de la torre corresponde tanto a las construcciones contemporáneas japonesas como a las tradicionales, inspirándose en elementos como los origami o las armaduras de los antiguos samuráis.

A Torre Mori faz parte de um complexo monumental urbano situado num dos principais centros da capital japonesa e consiste em 58 andares utilizados para várias finalidades. A forma da torre assemelha-se tanto às construções nipónicas contemporâneas como às tradicionais e foi inspirada por elementos como o origami e as armaduras dos antigos samurais.

Computer generated 3D model

The top floors house the areas for the general public and tourists, where visitors can enjoy sweeping view of the city from 250 metres above sea level.

En las últimas plantas se albergan las áreas de uso público y turístico, desde las cuales se puede disfrutar de la visión panorámica de la ciudad a 250 metros del nivel del mar.

Gli ultimi piani ospitano le zone di uso pubblico e turistico, da cui i visitatori possono ammirare il panorama della città a 250 metri sul livello del mare.

Os andares superiores alojam as áreas para o público em geral e os turistas, onde os visitantes podem apreciar uma vista impressionante sobre a cidade, a 250 metros acima do nível do mar.

Ground floor

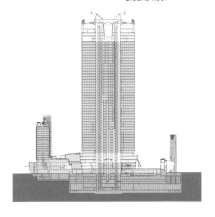

Section

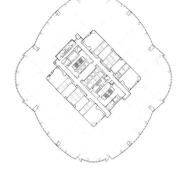

Typical floor

The unique structure of the Mori Tower has turned it into an architectural icon in Tokyo. The contrast between the verticality of the building and the horizontal base creates a marked angle.

La peculiarità della struttura della Torre Mori ha trasformato questa costruzione in un'icona architettonica di Tokio. Il contrasto tra la verticalità dell'edificio e la sua base orizzontale dà vita a un angolo molto marcato.

La singularidad estructural de la Torre Mori la ha convertido en un icono arquitectónico de la ciudad de Tokio. El contraste entre la verticalidad del edificio y la base horizontal, crea un destacado ángulo.

A estrutura única da Torre Mori transformou-a num ícone arquitectónico da cidade de Tóquio. O contraste entre a verticalidade do edifício e a base horizontal cria um ângulo acentuado.

Cultural Facilities

**Centri culturali
Equipamientos culturales
Instalações Culturais**

Envisioned as a space with different sensory experiences, the concept of this school was based on interaction between users and the surroundings. The use of wood in the structure and the coverings inside helped create a pleasant atmosphere insulated from noise. The technological solutions applied were in line with ventilation and lighting principles.

Ideato come uno spazio in cui vivere diverse esperienze sensoriali, il concetto di questa scuola si basa sull'interazione tra gli utenti e l'ambiente circostante. L'impiego del legno nella struttura e nei rivestimenti degli interni crea un ambiente piacevole e isolato dal rumore. Le soluzioni tecnologiche applicate sono in linea con i principi di aerazione e illuminazione.

SOLID WOOD SCHOOL FOR MENTALLY DISABLED CHILDREN
Despang Architekten

Berenbostel, Germany

Ideado como un espacio de diferentes experiencias sensitivas, el concepto de esta escuela se basa en la interactuación entre usuarios y entorno. Gracias al uso de la madera en la estructura y en los revestimientos del interior, se crea un ambiente agradable y un aislamiento del ruido. Las soluciones tecnológicas aplicadas corresponden a principios de ventilación e iluminación.

Visionado como um espaço com distintas experiências sensoriais, o conceito desta escola baseou-se na interacção entre os utilizadores e os arredores. A utilização de madeira na estrutura e nas coberturas no interior ajudou a criar uma atmosfera agradável isolada do ruído. As soluções tecnológicas aplicadas seguiram os princípios de ventilação e iluminação.

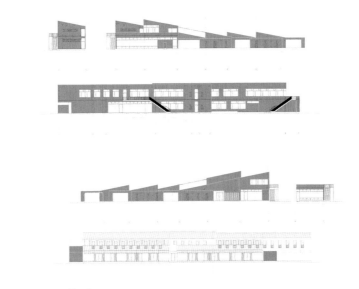

Elevations

Longitudinal section

The open spaces set aside for the different uses of the building filter and combine influences from the nature surrounding it, thus linking the school with the landscape.

Gli open space corrispondenti ai diversi usi dell'edificio filtrano e combinano le influenze del contesto naturale, mettendo in relazione la scuola con il paesaggio.

Los espacios abiertos correspondientes a los diferentes usos del edificio, filtran y combinan las influencias de la naturaleza que lo envuelven, entrelazando la escuela con el paisaje.

Os espaços abertos apartados para os diferentes usos do edifício filtram e combinam influências da natureza circundante, estabelecendo uma ligação entre a escola e a paisagem.

This museum, located in the heart of Paris, was created to showcase and preserve works of art from non-Western and little-known cultures. The conceptual underpinning of the design of this project was respect for the environment, and environmentally-friendly materials were used to build it. Its structure is based on functionality and integration into the urban setting.

Questo museo, situato nel cuore di Parigi, è stato creato per esporre e conservare oggetti d'arte di culture non occidentali e poco conosciute. Il concetto alla base del design è il rispetto dell'ambiente e per costruire il museo sono stati utilizzati materiali ecologici. La sua struttura si basa sulla funzionalità e sull'integrazione con lo scenario urbano.

MUSÉE DU QUAI BRANLY

Atelier Jean Nouvel

Paris, France
76,500 m² / 823,439 square feet

Este museo, situado en el corazón de París, nace con la voluntad de mostrar y conservar objetos de arte de culturas no occidentales y poco conocidas. El diseño de este proyecto tuvo como base conceptual el respeto el medio ambiente, y para su construcción se utilizaron materiales no agresivos. Su estructura se basa en la funcionalidad y en la integración en el entorno urbano.

Este museu, situado no centro de Paris, foi criado para exibir e preservar obras de arte de culturas não ocidentais e pouco conhecidas. A base conceptual do design deste projecto foi o respeito pelo ambiente, e foram utilizados na sua construção materiais não prejudiciais ao ambiente. A sua estrutura assenta na funcionalidade e na integração no cenário urbano.

The main building is a walkway in the guise of a curved glass wall that rises up over pillars. A row of boxes painted in several different tones were placed at its peak.

L'edificio principale è una passerella a forma di parete di vetro incurvata che si erge su alcuni pilastri. Nella sua parte più alta è stata disposta una fila di casse dipinte di varie tonalità di colore.

El edificio principal es una pasarela en forma de muro curvado y acristalado, que se alza sobre unos pilares. En su parte más alta, se dispuso horizontalmente una hilera de cajas pintadas en varios tonos.

O edifício principal é uma «passadeira» disfarçada de parede de vidro curvo elevada sobre pilares. No cimo, foi colocada uma fileira de caixas pintadas em vários tons diferentes.

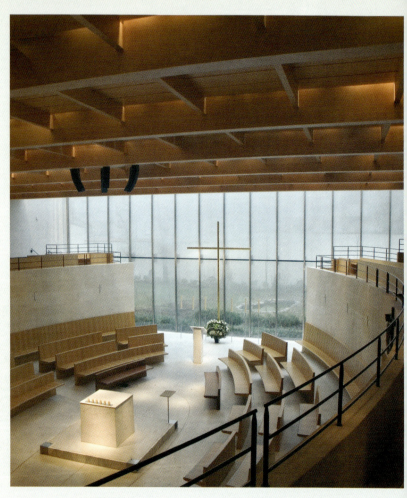

This new church was created in 2005 to replace the former small one. The building is one large volume made up of white marble panels attached to translucent glass that allows light to penetrate inside. The architects chose this material to highlight the importance and beauty of the site, which becomes a beacon of light at night.

La nuova chiesa è stata costruita nel 2005 per sostituire la piccola parrocchia precedente. L'edificio è un grande volume formato da pannelli di marmo bianco fissati su vetro translucido, che consentono alla luce di penetrare all'interno. Gli architetti hanno scelto questo materiale per enfatizzare l'importanza e la bellezza del luogo, che di notte si trasforma in un punto d'irradiazione luminosa.

SAINT FRANÇOIS MOLITOR CHURCH

Corinne Callies, Jean-Marie Duthilleul/AREP

Paris, France
1,390 m²/ 14,962 square feet

En el año 2005 se creó esta nueva iglesia, reemplazando la antigua y pequeña parroquia. El edificio es un gran volumen formado por paneles de mármol blanco adosados sobre vidrio translúcido, a través del cual penetra la luz al interior. Los arquitectos eligieron este material para destacar la importancia y la belleza del lugar, el cual por la noche se convierte en un punto de luz.

Esta nova igreja foi criada em 2005 para substituir a pequena igreja anterior. O edifício é um amplo volume constituído por painéis de mármore branco anexados a vidro translúcido para permitir que a luz penetre no interior. Os arquitectos escolheram este material para realçar a importância e beleza do local, que se transforma num farol de luz à noite.

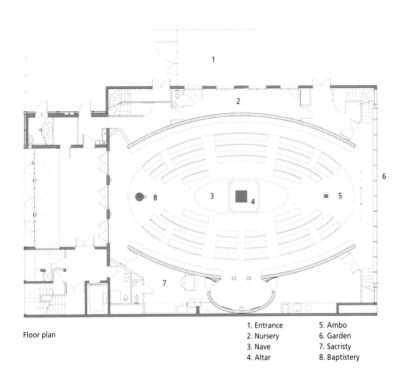

Floor plan

1. Entrance
2. Nursery
3. Nave
4. Altar
5. Ambo
6. Garden
7. Sacristy
8. Baptistery

The floor of the altar is sunken compared to its surroundings. Around it, two curved walls built using typically Parisian gold-toned stone enclose the congregational area.

Il pavimento dell'altare è sprofondato rispetto al resto dello spazio. Intorno ad esso, due pareti curve costruite con pietre dorate tipiche parigine delimitano l'area.

En el altar, el suelo se encuentra hundido respecto al resto del espacio. A su alrededor dos paredes curvas, construidas por medio de doradas piedras típicas parisinas, quedan adosadas a la asamblea.

O pavimento do altar é mais baixo do que o circundante. Em seu redor, duas paredes curvas construídas com pedra de tons dourados, tipicamente parisiense, enclausuram a área de congregação.

This design connects the two historic buildings of the Pratt Institute and acts as a space joining both of them. The most interesting part of this new section is the middle, as it provides new functional spaces. This initiative is a clear example of a new type of architecture that reinvents and reinforces that historic personality of the old buildings.

Questo progetto collega i due edifici storici del Pratt Institute e funge da spazio di comunicazione tra entrambi. La zona più interessante di questa nuova sezione è la parte centrale, che fornisce nuovi spazi funzionali. Questa iniziativa rappresenta un chiaro esempio di un nuovo tipo di architettura che reinventa e rafforza il carattere storico delle vecchie costruzioni.

HIGGINS HALL CENTER SECTION PRATT INSTITUTE

Steven Holl Architects

New York, USA
2,557.5 m² / 27,529 square feet

Este proyecto conecta los dos edificios históricos del Instituto Pratt y funciona como espacio comunicador entre ambos. La zona más interesante de esta nueva sección es la parte central, la cual aporta nuevos espacios funcionales. Una intervención que representa un claro ejemplo de una nueva arquitectura que reinventa y refuerza el carácter histórico de los viejos edificios.

Este projecto liga os dois edifícios históricos do Instituto Pratt e funciona como um espaço que une ambos. A parte mais interessante desta nova secção é a central, que proporciona novos espaços funcionais. Esta iniciativa é um claro exemplo de um novo tipo de arquitectura que reinventa e reforça a individualidade histórica típica dos edifícios antigos.

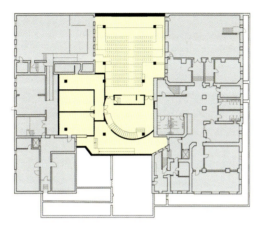

Basement plan

East-West section looking North

The glass structure creates an attractive contrast with the rest of the historic complex, and at the lghts installed make it stand out from the dark cement of the surrounding buildings.

La struttura in vetro crea un seducente contrasto con il resto del complesso storico e di notte, quando viene illuminata, risalta sul cemento scuro degli edifici circostanti.

La estructura acristalada crea un atractivo contraste con el resto del recinto histórico y durante la noche unas luces instaladas la hacen destacar sobre el cemento oscuro de los edificios que la rodean.

A estrutura de vidro cria um contraste atractivo com o resto do complexo histórico e as luzes nele instaladas fazem-no sobressair do cimento sombrio dos edifícios circundantes.

The innovative vernacular of this museum has generated a stark contrast with the historical setting and the traditional buildings that predominate the area. Like a balloon, the building bursts out into the city and seems to float over its transparent ground floor. Besides its artistic functions, this museum is also a dynamic force for change in the most disadvantaged part of the city.

Il linguaggio innovativo di questo museo ha creato un forte contrasto con l'ambiente storico e le costruzioni tradizionali che predominano nella zona. L'edificio, a forma di globo, irrompe nella città e sembra galleggiare sul suo fondo trasparente. Oltre ad adempiere alle sue funzioni artistiche, questo museo costituisce un elemento dinamico di cambiamento per i quartieri più svantaggiati della città.

KUNSTHAUS GRAZ

Peter Cook & Colin Fournier

Graz, Austria
11,100 m² / 119,479 square feet

El lenguaje innovador de este museo ha generado un gran contraste con el ambiente histórico y la construcción tradicional que predomina en la zona. Como un globo, el edificio irrumpe en la ciudad y parece flotar sobre su transparente planta baja. Aparte de sus funciones artísticas, este museo es también un impulsor de cambios en el sector menos favorecido de la ciudad.

O vernáculo inovador deste museu gerou um perfeito contraste com o cenário histórico e os edifícios tradicionais que predominam na área. Como uma espécie de balão, o edifício irrompe pela cidade e parece flutuar sobre o seu rés-do-chão transparente. Além das suas funções artísticas, este museu é também uma força dinâmica de mudança na parte mais desfavorecida da cidade.

The museum houses exhibitions of modern and contemporary art from a variety of disciplines. Apart from just the technical concerns, the inside of the building was designed to inspire the curators.

Il museo ospita esposizioni di arte moderna e contemporanea di diverse discipline. Oltre a dimostrare attenzione per gli aspetti tecnici, l'interno dell'edificio è stato ideato per ispirare i curatori delle mostre.

El museo alberga exposiciones de arte moderno y contemporáneo de distintas disciplinas. Más allá de las cuestiones técnicas, el interior del edificio fue pensado para inspirar a los curadores.

O museu alberga exposições de arte moderna e contemporânea de diversas disciplinas. Além das meras questões técnicas, o interior do edifício foi concebido para inspirar os conservadores do museu.

Vito Acconci's island in the Mur River in Graz has become a sign of maximum innovation in the area. The project arose from the need to design a solution to integrate the river into its urban setting. The result is a platform connecting the two. When it is crossed, the perception of the city and nature is transformed into a sensorial experience.

L'isola di Vito Acconci sul fiume Mur, a Graz, è diventata un esempio di altissima innovazione in quest'area. Il progetto nasce dall'esigenza di concepire una soluzione in grado di integrare il fiume nel contesto urbano. Il risultato è una piattaforma di collegamento tra i due spazi. Attraversandola, la percezione della città e della natura si trasforma in un'esperienza sensoriale.

MUR ISLAND

Vito Acconci/Acconci Studio

Graz, Austria

La isla de Vito Acconci sobre el río Mur en Graz se ha convertido en un signo de máxima novedad de la zona. El proyecto nace de la necesidad de diseñar una solución para integrar el río en el contexto de la ciudad. La solución es una plataforma de conexión entre ambos espacios. Al atravesarla, la percepción de la ciudad y la naturaleza se transforma en una experiencia sensorial.

A ilha de Vito Acconci, no Rio Mur, em Graz, tornou-se um símbolo máximo de inovação na área. O projecto surgiu da necessidade de conceber uma solução para integrar o rio na sua localização urbana. O resultado é uma plataforma que estabelece a ligação entre ambos. Ao ser atravessada, a percepção da cidade e da natureza transforma-se numa experiência sensorial.

The hilly landscape surrounding this Austrian city crosses the transparency of the glass, and the passageway between both banks becomes an opportunity to explore the setting from a new perspective.

Il paesaggio collinare che circonda la città austriaca attraversa la trasparenza del vetro e il passaggio tra le due rive diventa un'occasione per esplorare lo scenario da una nuova prospettiva.

El paisaje de colina que rodea la ciudad austriaca atraviesa la transparencia del cristal y el paso entre las dos orillas se convierte en una ocasión para explorar el entorno desde una nueva perspectiva.

A paisagem montanhosa que rodeia esta cidade austríaca atravessa a transparência do vidro e a passagem entre as margens torna-se uma oportunidade para explorar o cenário a partir de outra perspectiva.

The goal of this project was to create a vast museum to house the historical collection of air and space machinery. Located inside Dulles International Airport, the architects took their inspiration for the interior design from an airport terminal. The spaces were divided into a land and an air zone, where the different areas were located.

L'obiettivo di questo progetto era creare un grande museo che ospitasse la collezione storica di macchinari aerei e spaziali presso l'aeroporto internazionale Dulles. Per il design degli interni, gli architetti si sono ispirati a un terminal di aeroporto. Gli spazi delle diverse aree espositive sono stati divisi in zona terrestre e zona aerea.

UDVAR-HAZY CENTER

Hellmuth, Obata & Kassabaum

Chantilly, Virginia, USA
65,844 m² / 708,739 square feet

El objetivo de este proyecto fue crear un gran museo que albergara la colección histórica de maquinaria aérea y espacial. Situado en el Aeropuerto Internacional de Dulles, los arquitectos se inspiraron en una terminal aeroportuaria para el diseño del interior. Los espacios se dividieron en una zona terrestre y otra aérea, en las que se distribuyeron diversas áreas.

O objectivo deste projecto foi criar um vasto museu para albergar a colecção histórica de equipamento aéreo e espacial. Situado dentro do Aeroporto Internacional de Dulles, os arquitectos extraíram a sua inspiração para o design do interior de um terminal de aeroporto. Os espaços foram divididos em duas áreas: terra e ar, onde se situam as diferentes zonas.

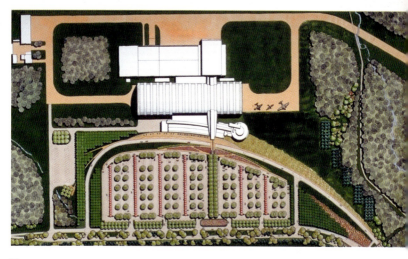

Diagram

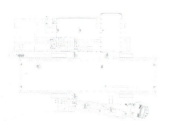

First floor plan

Second floor plan

The majority of features in this museum are clad with aluminium panels reminiscent of aerospace construction materials. The façade is smooth and features rectangular-shaped windows.

La maggior parte degli elementi che costituiscono questo museo sono rivestiti da pannelli di alluminio che ricordano i materiali da costruzione aerospaziale. La facciata è liscia e dotata di finestre rettangolari.

La mayoría de los elementos que conforman el museo están revestidos de paneles de aluminio que recuerdan los materiales de construcción aeroespaciales. La fachada es lisa, con vidrios de forma rectangular.

A maior parte dos destaques deste museu estão revestidos com painéis de alumínio que fazem recordar materiais de construção aeroespacial. A fachada é regular, destacando-se as janelas em formato rectangular.

A spectacular airplane is suspended from the ceiling in the main hangar. Visitors can get near to the craft via the elevated walkways running around it to see the details up close.

Nell'hangar principale è appeso uno spettacolare aeroplano. I visitatori possono osservarne da vicino tutti i dettagli, percorrendo le passerelle sopraelevate che lo circondano.

Del techo del hangar principal, cuelga un espectacular avión. Los visitantes pueden acercase al artefacto a través de las pasarelas elevadas que discurren cerca de él, y observar de cerca los detalles de éste.

Um impressionante avião está suspenso do tecto, no hangar principal. Os visitantes podem aproximar-se do aparelho através de passadeiras elevadas que o rodeiam, para ver todos os pormenores de perto.

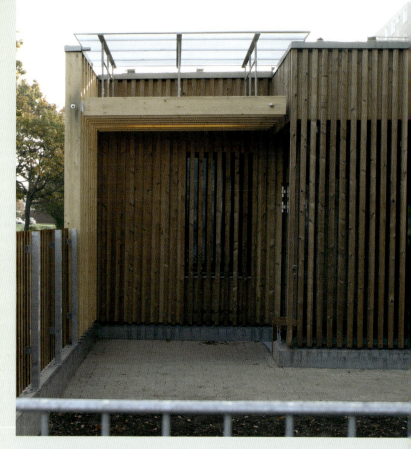

The major challenge in this project to refurbish a former nursery school was to highlight the privileged area of green spaces where it is located. Due to the educational purposes that the new design had to fulfil, the team of architects decided to work closely with the headmaster and other staff at the school, placing special importance on environmental factors.

La sfida maggiore di questo progetto di ristrutturazione di un vecchio asilo è stata conferire risalto agli spazi verdi in cui si è situato. Poiché il nuovo design doveva rispondere a funzioni pedagogiche precise, gli architetti hanno deciso di lavorare a stretto contatto con il direttore e altri membri dello staff, attribuendo un'importanza speciale ai fattori ambientali.

POSTFOSSIL ECO-WOOD-BOX KINDERGARTEN

Despang Architekten

Lower Saxony, Hanover, Germany
658 m²/ 7,083 square feet

El mayor reto de este proyecto de rehabilitación de una antigua guardería, fue potenciar la privilegiada zona de espacios verdes en la que se ubica. Debido a las funciones pedagógicas que debía cumplir el nuevo diseño, el equipo de arquitectos decidió trabajar estrechamente con el director y el resto del equipo del centro, dando especial importancia a los aspectos ambientales.

O principal desafio deste projecto para renovar uma antiga creche foi realçar a área privilegiada de espaços verdes em que se situa. Devido aos fins educativos que o projecto deveria cumprir, a equipa de arquitectos decidiu colaborar estreitamente com o director e os outros funcionários da escola, enfatizando particularmente os factores ambientais.

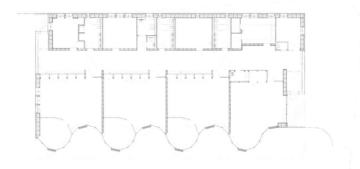

Floor plan

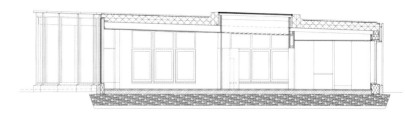

Front elevation

The structure was built using wooden beams that protect the kindergarten from low temperatures. The light penetrates through them, creating an interplay of lights that arouses the children's interest.

La struttura è stata costruita utilizzando travi di legno, in grado di proteggerla dalle basse temperature. La luce penetra attraverso di esse creando un gioco di luci che suscita la curiosità dei bambini.

La estructura está construida a partir de vigas de madera que protegen la guardería de las bajas temperaturas. La luz penetra a través de estas, creando un juego de luces que despierta la curiosidad de los niños.

A estrutura foi construída com vigas de madeira que protegem o infantário das baixas temperaturas. A luz penetra através delas, criando um jogo de luzes que desperta o interesse das crianças.

Aware of schools' needs, the architect suggested alternative solutions for this project than the customary administrative formality. After a painstaking analysis of the setting and the school's requirements, this complex was designed to fulfil all the functional and formal needs. Lott provided teachers and students alike with a light-drenched, open space.

Consapevole delle esigenze delle strutture didattiche, l'architetto ha proposto per questo progetto soluzioni alternative alla consueta formalità amministrativa. Dopo un'analisi approfondita dell'ambiente circostante e delle necessità d'uso della scuola, è stato progettato questo complesso che risponde appieno ai requisiti formali e funzionali. Lott propone a professori e alunni un open space trasparente e luminoso.

GALILÉE SECONDARY SCHOOL

Jean-Pierre Lott

Paris, France

Conocedor de las exigencias de los centros de enseñanza, el arquitecto propuso para este proyecto soluciones alternativas a la formalidad administrativa habitual. Tras un intenso análisis del entorno y las necesidades de uso de la escuela, se diseñó este conjunto que cumple los aspectos funcionales y formales. Lott propone a profesores y alumnos un espacio luminoso y diáfano.

Ciente das necessidades da escola, o arquitecto sugeriu soluções alternativas para este projecto, que não as formalidades administrativas usuais. Após uma análise meticulosa da localização e dos requisitos da escola, este complexo foi concebido para cumprir todas as necessidades funcionais e formais. Lott proporcionou um espaço aberto e repleto de luz aos professores e alunos.

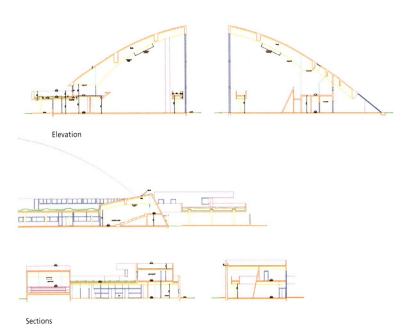

Elevation

Sections

Elements like the tilted dome, the dynamic staircase in the lobby and the uniformity of white give the inside a futuristic appearance. The architect managed to successfully couple function with aesthetics.

Elementos como la cúpula inclinada, la dinámica escalera del vestíbulo o la uniformidad del blanco dotan al interior de un carácter futurista. El arquitecto consiguió unir con éxito funcionalidad y estética.

Elementi, quali la cupola inclinata, la scala dinamica del vestibolo e l'uniformità del bianco conferiscono un aspetto avveniristico agli interni. L'architetto ha saputo abbinare con successo funzionalità ed estetica.

Alguns elementos, como a cúpula inclinada, a escadaria dinâmica na entrada e a uniformidade do branco, conferem ao interior um aspecto futurista. O arquitecto conseguiu aliar, com êxito, função e estética.

Leisure Facilities

Strutture per intrattenimento
Equipamientos de ocio
Instalações de Lazer

The idea of creating a Cultural Park emerged in the city of Pachuca. This project features a large mural square made with tiny mosaic tiles as well as the design for the Gota de Plata Auditorium Theatre, which interact formally. The theatre is one of the main components in this vast complex; in it, function and aesthetics merge seamlessly.

Nella città di Pachuca si è deciso di realizzare un parco culturale. Il progetto è costituito da due aree che interagiscono formalmente: una grande piazza muraria realizzata con piccole piastrelle di mosaico e il Gota de Plata Auditorium Theatre. Il teatro è uno dei componenti principali di questo ampio complesso, in cui funzionalità ed estetica si integrano perfettamente.

GOTA DE PLATA AUDITORIUM THEATER

Jaime Varon, Abraham Metta, Álex Metta / Migdal Arquitectos

Pachuca, Mexico
14,000 m² / 150,695 square feet

En la ciudad de Pachuca, surgió la idea de generar un Parque Cultural. En este proyecto destacan una gran plaza mural realizada con pequeñas piezas de mosaicos y el proyecto del Teatro Auditorio Gota de Plata, los cuales interactúan formalmente. El Teatro es uno de los elementos principales de este gran conjunto, y en el que funcionalidad y estética se integran perfectamente.

A ideia de criar um Parque Cultural surgiu na cidade de Pachuca. Este projecto destaca-se por uma ampla praça mural feita de minúsculos azulejos em mosaico, bem como pelo design do Teatro Auditório de Gota de Plata, os quais interagem formalmente. O teatro é um dos principais componentes deste vasto complexo; nele, função e estética fundem-se inconsutilmente.

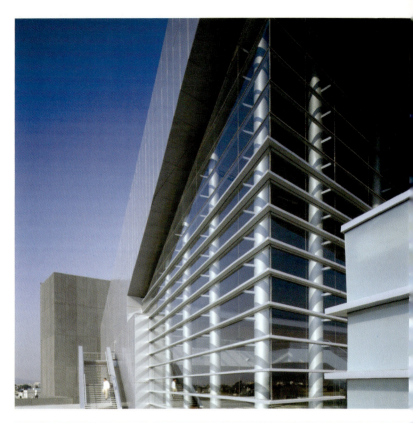

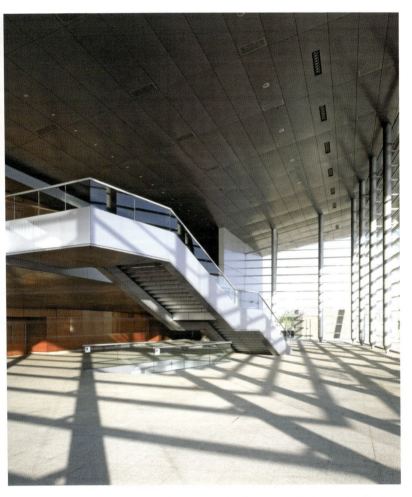

Thanks to the transparency of the huge glass windows, the vast mural square designed by artist Byron Gálvez is joined to the Theatre, unifying both elements and creating a virtually continuous space.

Grazie alla trasparenza delle enormi vetrate, la grande piazza muraria (opera dell'artista Byron Gálvez) si congiunge al teatro armonizzando entrambi gli elementi e creando uno spazio virtualmente continuo.

Gracias a la transparencia de enormes cristales, la gran plaza mura, obra del artista Byron Gálvez, se une al Teatro, unificando ambos elementos y creando un espacio virtualmente continuo.

Graças à transparência das enormes janelas de vidro, a ampla praça mural desenhada pelo artista Byron Gálvez associa-se ao Teatro, unificando ambos os elementos e criando um espaço virtualmente contínuo.

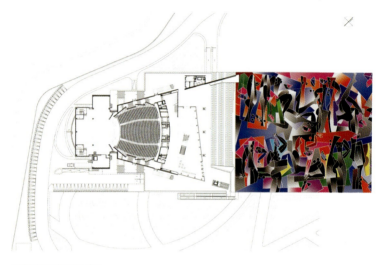

Auditorium's location plan

The way products are displayed has become a key factor in attracting customers. This design aimed at an attractive, functional setting created to launch a line of textile samples. The architects, who specialise in technical solutions, designed a system of fabric walls that make the products take centre stage in this showroom.

La modalità di esposizione dei prodotti è diventata un fattore determinante per attirare i clienti. Questo progetto intende creare uno scenario attraente e funzionale per lanciare un campionario di prodotti tessili. Gli architetti, specializzati in soluzioni tecniche, hanno progettato un sistema di pareti in stoffa che mette il prodotto al centro della scena.

TILES IN KVADRAT SHOWROOM

Ronan & Erwan Bouroullec

Stockholm, Sweden
250 m² / 2,691 square feet

La manera en que se muestran los productos se ha convertido en un factor determinante para atraer al cliente. Este proyecto se basa en un atractivo y funcional escenario, creado para lanzar una línea de muestras textiles. Los arquitectos, especializados en soluciones técnicas diseñaron un sistema de paredes textiles que hace del producto el protagonista del showroom.

A forma como os produtos são exibidos tornou-se um factor chave para atrair clientes. Este projecto visou elaborar um cenário atractivo e funcional criado para lançar uma linha de amostras têxteis. Os arquitectos, especializados em soluções técnicas, projectaram um sistema de paredes em tecido que concede aos produtos o centro das atenções neste salão de exposições.

The architects came up with what they called "the tiles system", which consists of laying out independent textile structures that serve as partitions between the different spaces.

Los arquitectos idearon el llamado "the tiles system", que consiste en la disposición de estructuras textiles independientes que funcionan como tabiques divisorios de los diferentes espacios.

Gli architetti hanno ideato un sistema da loro battezzato "the tiles system" (sistema a piastrelle), che consiste nel disporre strutture tessili indipendenti che fungono da pareti divisorie tra i diversi spazi.

Os arquitectos conceberam o que denominaram de «sistema de azulejos», que consiste em dispor estruturas têxteis independentes que funcionam como divisórias entre os diferentes espaços.

This six-storey building housing a variety of shops and offices is right in the heart of Zurich. Located in a zone featuring buildings from different periods, its structure and design are striking yet consistent with its neighbours. The environs can be seen from the inside via the transparent façade.

Questo edificio a sei piani, che ospita al suo interno differenti spazi commerciali e uffici, è situato nel centro di Zurigo. Ubicato in una zona in cui coesistono costruzioni di diverse epoche, l'edificio presenta una struttura e un design di grande effetto e, al contempo, in armonia con l'ambiente circostante, che può essere ammirato dall'interno attraverso la facciata trasparente.

COMMERCIAL BUILDING AT LÖWENPLATZ
Theo Hotz Archtitekten & Planer

Zurich, Switzerland

En el centro de Zürich se encuentra este edificio de seis plantas que alberga en su interior diferentes espacios comerciales y oficinas. Ubicado en una zona en la que cohabitan edificios de varias épocas, su estructura y diseño resultan llamativos a la vez que coherentes con el resto. Desde su interior, y a través de la transparente fachada, se puede contemplar el entorno.

Este edifício com seis andares, que aloja diversas lojas e escritórios, situa-se mesmo no centro de Zurique. Localizado numa zona com edifícios de períodos distintos, a sua estrutura e design são surpreendentes mas consistentes com os edifícios vizinhos. Os arredores podem ser vistos a partir do interior através da fachada transparente.

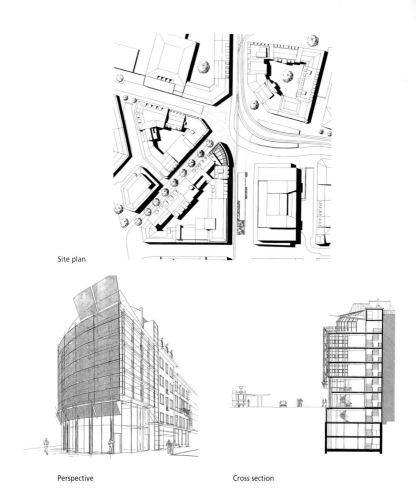

Site plan

Perspective

Cross section

A glass curtain covers the façade of the entire building, protecting it from the noise outside. The light that filters through it creates a bright, warm interior that is visually linked with its setting.

Una cortina de vidrio cubre la fachada de todo el edificio protegiéndolo del ruido exterior. La luz que penetra a través de ésta, crea un interior iluminado y acogedor, que queda unido con el entorno visualmente.

Una cortina di vetro ricopre la facciata dell'intero edificio, proteggendolo dal rumore esterno. La luce che penetra attraverso di essa crea un interno luminoso e accogliente, che rimane visivamente in armonia con il contesto.

Uma cortina de vidro cobre a fachada do edifício completo, protegendo-o do ruído exterior. A luz filtrada através dela cria um interior brilhante e quente, visualmente relacionado com a sua localização.

Located in an emblematic site that houses shops that have become veritable fashion icons, the setting of this coffee lounge exerted a considerable influence on the concept of the design. The architects envisioned a space that would capture the shopping tradition of the area and the modernity of new generations. This choice is reflected in the choice of materials and the layout of the space.

Situato in un luogo emblematico, che ha ospitato negozi trasformati in vere icone di moda, lo scenario di questo caffè ha esercitato un'influenza significativa sulla concezione del design. Gli architetti hanno ideato uno spazio che interpreta la tradizione commerciale della zona e la modernità delle nuove generazioni. Quest'idea si riflette anche nella scelta dei materiali e nella distribuzione dello spazio.

COFFEETIME
COFFEE-LOUNGE

Despang Architekten

Hanover, Germany

Situado en un lugar emblemático que albergó tiendas convertidas en iconos de moda, el background de este café influyó considerablemente en el concepto del proyecto. Los arquitectos idearon un espacio que captase la tradición comercial de la zona y la modernidad de las nuevas generaciones. Esta idea se refleja en la elección de los materiales y en la distribución del espacio.

Situado num local emblemático com lojas que se tornaram verdadeiros ícones da moda, a localização deste café exerceu uma influência significativa no conceito do design. Os arquitectos projectaram um espaço que captasse a tradição comercial da área e a modernidade das novas gerações. Esta opção reflecte-se na escolha dos materiais e na disposição do espaço.

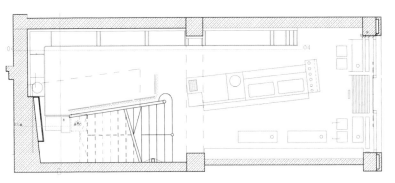

Floor plan

Unlike other similar venues, in this coffee lounge the counter, seats and other features are not independent of each other, but rather are distributed so as to create a spatial relationship between them.

A differenza di altre strutture analoghe, in questo caffè il bancone, le sedie e gli altri elementi non sono a sé stanti, bensì distribuiti in modo da creare una relazione spaziale tra gli oggetti.

A diferencia de otros locales similares, en este café el mostrador, los asientos y demás elementos no tienen un carácter independiente, sino que son distribuidos creando una relación espacial entre ellos.

Ao contrário de outros locais do género, o balcão, os bancos e outras características, neste café, não são independentes entre si, estão sim distribuídos para criar uma interrelação espacial.

This film complex designed by Andrea Viviani was built in an industrial park in Padua, one of the most dynamic cities in all Italy. To ensure that the building stood out and attracted customers, it was given a very striking external and internal image. One key goal was to achieve a unique appearance that would differentiate it from its setting.

Questo complesso cinematografico, progettato da Andrea Viviani, è stato costruito in una zona industriale di Padova, una delle città italiane più dinamiche. Si è optato per un'immagine esterna ed interna di grande richiamo, per distinguere l'edificio e attirare i clienti. L'obiettivo chiave di creare un aspetto unico che lo differenziasse dall'ambiente circostante è stato ampiamente raggiunto.

MULTIPLEX CINECITY LIMENA

Andrea Viviani/Viviani Architetti

Limena, Italy
9,200 m² / 99,028 square feet

En Padua, una de las ciudades más dinámicas de toda Italia, nació el complejo cinematográfico diseñado por Andrea Viviani y construido en un polígono industrial. Para que el edificio destacase y atrajese a los clientes, se le dotó de una imagen interior y exterior muy llamativa. Un punto clave fue conseguir un aspecto único que lo diferenciase del entorno.

Este complexo cinematográfico, projectado por Andrea Viviani, foi construído num parque industrial em Pádua, uma das cidades mais dinâmicas da Itália. Para garantir que o edifício sobressaísse e atraísse clientes, foi-lhe dada uma imagem externa e interna impressionante. Um dos principais objectivos era conseguir um aspecto único que diferenciasse o edifício do meio circundante.

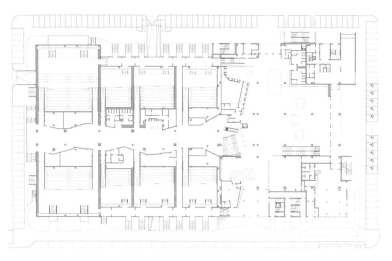

Floor plan

The façade features aluminium panels on which advertising can be placed and regularly updated, as well as large windows which allow natural light to penetrate inside the building.

La fachada incorpora paneles de aluminio, sobre los cuales se puede colocar y actualizar publicidad regularmente, y amplios ventanales a través de los cuales penetra la luz natural en el interior del edificio.

La facciata incorpora pannelli di alluminio, su cui è possibile collocare e aggiornare regolarmente annunci pubblicitari, e ampie finestre che consentono alla luce naturale di penetrare all'interno.

A fachada ostenta painéis de alumínio em que podem ser afixados e actualizados regularmente cartazes publicitários, bem como janelas amplas que permitem que a luz natural penetre no interior do edifício.

The purpose of this project was to create a new, sophisticated entertainment venue that was different from the others in the city. The architects took special care with the interior space, which they divided into three clearly distinct areas unified by the same materials and colours, with white elegantly prevailing.

Lo scopo di questo progetto era creare una struttura dedicata all'intrattenimento che fosse nuova, sofisticata e diversa da quelle già esistenti in città. Gli architetti hanno rivolto una cura particolare agli spazi interni, suddivisi in tre zone distinte e, al contempo, unificate dall'impiego degli stessi materiali e colori, tra cui predomina con eleganza il bianco.

GREY LOUNGE

Marco Guido Savorelli

Orzinuovi, Italy
160 m² / 1,722 square feet

La finalidad de este proyecto fue crear un nuevo y sofisticado establecimiento dedicado al ocio y que fuera diferente de los que ya existían en la ciudad. Los arquitectos potenciaron especialmente el espacio interior. Dividido en tres zonas diferenciadas que se unifican gracias a la utilización de los mismo materiales y colores, y en las que predomina elegantemente el blanco.

O objectivo deste projecto foi criar um local de entretenimento novo e sofisticado, que se distinguisse dos restantes na cidade. Os arquitectos prestaram uma atenção especial ao espaço interior, o qual foi dividido em três áreas claramente distintas unificadas pelos mesmos materiais e cores, em que predomina a elegância do branco.

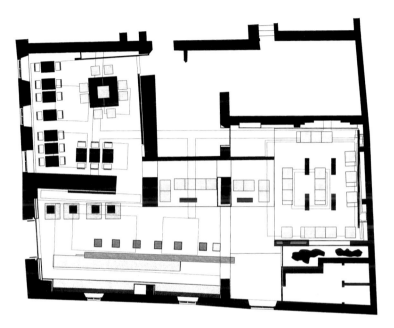

Floor plan

Inside, extravagance and decorative excess were avoided, opting instead for a minimalist style featuring simple, pure lines. The space is lit with dim, discrete lights.

Para el interior se huyó de la extravagancia y los excesos decorativos, apostando por un estilo minimalista de líneas simples y puras. El espacio se iluminó con luces tenues y discretas.

Per gli interni sono stati evitati eccessi decorativi e stravaganze, puntando su uno stile minimalista con linee semplici e pure. Lo spazio viene illuminato da luci tenui e discrete.

No interior, evitou-se a extravagância e o excesso decorativo, optando-se por um estilo minimalista em que se destacam as linhas simples e puras. O espaço é iluminado com luzes indirectas e discretas.

This space is located on the top of the Hotel Hesperia, one of the most emblematic buildings in Barcelona. Designed as a lookout point, its cladding is totally transparent, making for spectacular views of the city. The project reflects a fascination with change and progress, aspects that also define the restaurant's cuisine.

Questo spazio si trova nella parte più alta dell'Hotel Hesperia, uno degli edifici più emblematici di Barcellona. Concepito come una terrazza panoramica, è dotato di un rivestimento totalmente trasparente e permette di godere viste spettacolari della città. Il progetto rispecchia il fascino del cambiamento e del progresso, aspetti che definiscono anche le proposte gastronomiche del ristorante.

EVO

Richard Rogers Partnership, Alonso Balaguer & Arquitectes Associats

Hospitalet de Llobregat, Spain

Este espacio está ubicado en la parte más alta del Hotel Hesperia, uno de los edificios más emblemáticos de Barcelona. Concebido como un mirador, su revestimiento es totalmente transparente y permite gozar de espectaculares vistas de la ciudad. El proyecto refleja la fascinación por el cambio y el progreso, aspectos que definen también la propuesta gastronómica del restaurante.

Este espaço situa-se no topo do Hotel Hesperia, um dos edifícios mais emblemáticos de Barcelona. Concebido como local de observação, o seu revestimento é totalmente transparente, permitindo apreciar vistas espantosas da cidade. O projecto reflecte um fascínio pela mudança e pelo progresso, aspectos que definem também as especialidades do restaurante.

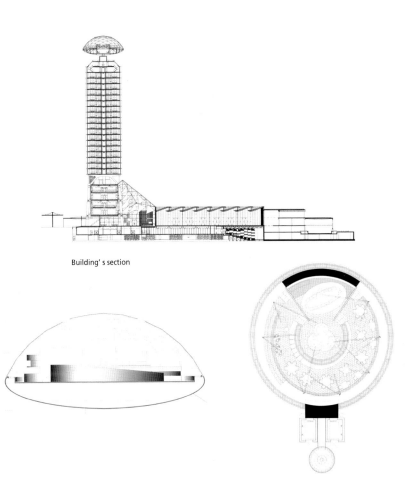

Building's section

Platform's section

Floor plan

The architects and interior designers created a space where guests could enjoy views of Barcelona while savouring a cuisine that blends the Mediterranean tradition with today's trends.

Gli architetti hanno concepito uno spazio da cui ammirare Barcellona, assaporando una cucina che fonde la tradizione mediterranea con le tendenze attuali.

Los arquitectos e interioristas diseñaron un espacio desde el cual disfrutar de las vistas de Barcelona mientras se degusta una cocina que mezcla la tradición mediterránea con las tendencias actuales.

Os arquitectos e designers de interior criaram um espaço onde os convidados podem apreciar as vistas sobre Barcelona, ao saborear pratos que mesclam a tradição mediterrânea com as tendências actuais.

The goal of this project was to build a restaurant that would become one of the most spectacular points in Sydney, yet that was welcoming at the same time. The architects' design was based on sophisticated open spaces, and the end result entailed creating different areas separated by glass panels that give a sense of spaciousness and comfort.

L'obiettivo di questo progetto era costruire un ristorante che diventasse uno dei punti più spettacolari di Sydney e che offrisse, al contempo, un'atmosfera accogliente. Gli architetti hanno realizzato un progetto basato su open space sofisticati e il risultato è stata la creazione di diverse aree separate da pannelli di vetro che trasmettono una sensazione di ampiezza e di confort.

ICEBERGS BONDI

Lazzarini Pickering Architetti

Sydney, Australia

El objetivo de este proyecto fue construir un restaurante que se convirtiese en uno de los puntos más espectaculares de Sydney y a la vez fuese acogedor. Los arquitectos realizaron un diseño basado en espacios abiertos de estilo sofisticado. El resultado fue la creación de diferentes áreas separadas por paneles de cristal, creando una sensación de amplitud y confort.

O objectivo deste projecto foi construir um restaurante que se tornasse num dos locais mais espectaculares de Sydney, mas que fosse simultaneamente acolhedor. O desenho dos arquitectos baseou-se em espaços abertos sofisticados e o resultado final implicou a criação de áreas distintas separadas por painéis de vidro, que conferem uma sensação de amplidão e conforto.

Ground floor

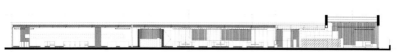

Section G G'

The prevailing tones indoors play with the seafront setting. One of the most prominent features is the wicker armchairs hanging from the ceiling, the ideal vantage point for viewing the landscape.

Le tonalità predominanti degli interni sono in armonia con l'ambiente marino circostante. Uno degli elementi di maggiore risalto sono le poltrone in vimini che pendono dal soffitto, perfette per ammirare il panorama.

Las tonalidades que predominan en el interior juegan con el entorno marítimo. Uno de los elementos más destacables son los sillones de mimbren que caen del techo y desde los cuales se puede observar el paisaje.

Os tons predominantes do interior jogam com o cenário litoral. Uma das características mais notáveis é as poltronas de verga suspensas do tecto, o ponto ideal para contemplar a paisagem.

This former movie theatre has become one of the most fashionable venues in the city of Florence. The designer and architect in charge of refurbishing it designed a project based on glamorous décor and design that would reflect the world of film. Inside, rounded volumes and structures and dim lighting confer sensuality on the space.

Questa ex sala cinematografica è diventata uno dei locali più alla moda di Firenze. Il designer e architetto incaricato della ristrutturazione ha elaborato un progetto basato su un arredo e un design affascinanti, che rispecchiano l'universo del cinema. All'interno volumi e strutture arrotondate, oltre a un'illuminazione soffusa, conferiscono sensualità allo spazio.

UNIVERSALE FIRENZE

Stefano Pirovano

Florence, Italy
1,434 m² / 15,435 square feet

Esta ex sala de cine se ha convertido en uno de los locales más de moda en la ciudad de Florencia. El diseñador y arquitecto encargado de la renovación elaboró un proyecto basado en una decoración y un diseño glamourosos que reflejasen el universo cinematográfico. En el interior, volúmenes y estructuras redondeadas y una tenue iluminación, aportan sensualidad al espacio.

Este antigo cinema tornou-se num dos locais mais em voga da cidade de Florença. O designer e arquitecto encarregado da sua renovação concebeu um projecto baseado numa decoração fascinante e num design que reflectisse o mundo do cinema. No interior, as estruturas e os volumes arredondados e a iluminação obscura conferem sensualidade ao espaço.

Gold surrounds the indoor space, covering the furnishings and other elements including the theatrical staircase, and giving the venue all the charm and glamour of classic Hollywood films.

Le tonalità dorate avvolgono lo spazio interno, rivestendo il mobilio e gli altri elementi, come la scala teatrale, infondendo al locale il fascino dei classici film di Hollywood.

El dorado envuelve el espacio interior recubriendo el mobiliario y otros elementos como la teatral escalera y aportando al lugar el encanto y el glamour de la películas clásicas de Hollywood.

O dourado rodeia o espaço interior, revestindo o mobiliário e outros elementos, incluindo a escadaria teatral e conferindo ao local todo o charme e encanto dos filmes clássicos de Hollywood.

This bar was created with one premise in mind: uniqueness and exclusive customer service. The design of the indoor space generates a variety of different perceptions: visual, chromatic, auditory, sensorial… The idea of the project was based on the layout of the venue, and it aimed to differentiate zones so that each customer could find his own particular space, the one that best suits his personality.

Questo bar è stato creato all'insegna dell'unicità e del servizio esclusivo al cliente. Il design dello spazio interno genera percezioni diverse: visive, cromatiche, uditive, sensoriali... L'idea del progetto si basa sulla disposizione del locale e mira alla differenziazione delle zone, in modo che ogni cliente possa trovare il suo ambiente particolare, lo spazio che meglio si adatta alla sua personalità.

5 SENTIDOS LOUNGE BAR

Jordi Fernández, Eduardo Gutiérrez/ON-A

Empúria Brava, Spain
215 m² / 2,314 square feet

Este bar nació con una premisa: la singularidad y un trato exclusivo al cliente. El diseño del espacio interior genera percepciones diferentes: visuales, cromáticas, auditivas, sensitivas... La idea del proyecto parte de la planta del local y de la diferenciación de varias zonas para que cada cliente pueda encontrar su espacio particular, el que más se ajuste a su persona.

Este bar foi criado com uma premissa em mente: singularidade e atendimento ao cliente exclusivo. O design do espaço interior gera uma série de percepções: visuais, cromáticas, auditivas, sensoriais... A ideia do projecto baseou-se na disposição do local e visou diferenciar zonas para permitir a cada cliente encontrar o seu próprio espaço, o mais adequado à sua personalidade.

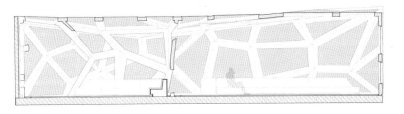

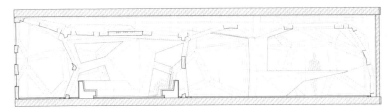

Longitudinal sections

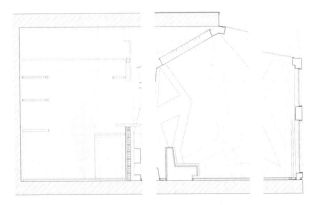

Cross section

The wide range of colours in the lighting provides warm colours in winter and cool ones in summer. The furniture is tinged in tones that highlight the white of the structural mesh, the most outstanding feature in the design.

La amplia gama cromática de la iluminación proporciona en invierno colores cálidos y en verano fríos. El mobiliario se colorea en tonos que destacan el blanco de la malla constructiva, protagonista del proyecto.

L'ampia gamma cromatica dell'illuminazione offre colori caldi in inverno e freddi in estate. I mobili d'arredo sono caratterizzati da tonalità che mettono in risalto il bianco della maglia costruttiva, protagonista del progetto.

A vasta gama de cores da iluminação oferece cores quentes no Inverno e frescas no Verão. O mobiliário ostenta tons que realçam o branco da malha estrutural, a característica mais notável do projecto.

Public Buildings, Institutions, Offices

Edifici pubblici, istituzioni, uffici
Edificios públicos, instituciones, oficinas
Edifícios Públicos, Instituições, Escritórios

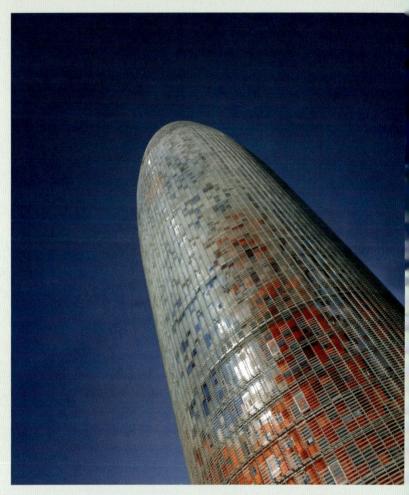

This building has recently become an architectural benchmark in the city of Barcelona, triggering a significant change in the city's landscape. Architect Jean Nouvel designed a small-scale skyscraper inspired by the legacy of Gaudí and characteristic landscapes in the region, such as the mountain of Montserrat and the sea.

Questo edificio è di recente divenuto un punto di riferimento architettonico per Barcellona, provocando un cambiamento importante nel paesaggio della città. L'architetto Jean Nouvel ha progettato un grattacielo in scala ridotta, ispirato all'eredità culturale di Gaudí e a elementi paesaggistici della zona, come le montagne di Montserrat e il mare.

AGBAR TOWER

Ateliers Jean Nouvel,
Fermín Vázquez/b720 Arquitectos

Barcelona, Spain
47,500 m² / 511,286 square feet

Este edificio se ha convertido en la actualidad en un punto de referencia arquitectónico de la ciudad de Barcelona, y ha provocado un cambio importante en el paisaje de la ciudad. El arquitecto Jean Nouvel diseñó un rascacielos de pequeñas dimensiones inspirado en el legado de Gaudí y en elementos paisajísticos característicos de la zona, como las montañas de Montserrat y el mar.

Este edifício transformou-se recentemente num ponto de referência arquitectónico da cidade de Barcelona, despoletando uma mudança significativa na paisagem da cidade. O arquitecto Jean Nouvel projectou um arranha-céus em pequena escala, inspirado pelo legado de Gaudí e pelas paisagens características da região, como a montanha de Montserrat e o mar.

Site plan

Section

Type floor

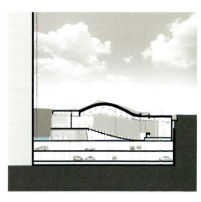

Section

The entire building is covered in a second skin made up of glass panels with differing degrees of transparency that blur the coloured façade and create a spectacular light show at night.

L'intero edificio è coperto da una seconda pelle, formata da pannelli di vetro con diversi gradi di trasparenza, che sfumano la facciata colorata e creano una spettacolare illuminazione notturna.

Todo el edificio se cubre de una segunda piel, formada por láminas de vidrio con diferentes grados de transparencia que difuminan la fachada coloreada y crean una espectacular iluminación nocturna.

Todo o edifício está revestido por uma segunda «pele» feita de painéis de vidro com diferentes graus de transparência que ofuscam a fachada colorida e criam um espectáculo de luzes impressionante à noite.

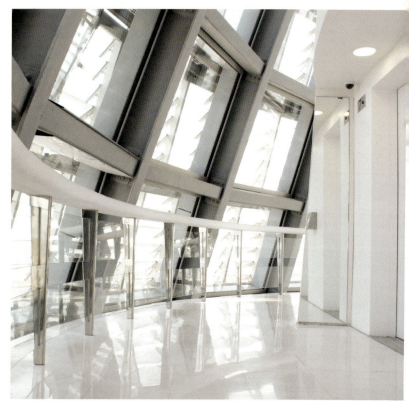

Like a huge volume rising up from the ground, this project has become a characteristic feature of one of Granada's newer areas. With a ring-shaped floor plan so typical of office buildings, its internal layout makes it a highly flexible space that is capable of adapting to future needs.

Presentandosi come un grande volume che emerge dal terreno, questa costruzione rappresenta ormai un elemento caratteristico di una delle nuove zone di Granada. Dotato di una pianta di forma anulare, tipica delle strutture per uffici, l'edificio presenta una disposizione interna che lo rende uno spazio altamente flessibile e capace di adattarsi alle esigenze future.

CAJA GRANADA HEADQUARTERS BANK

Alberto Campo Baeza

Granada, Spain
10,086 m² / 108,565 square feet

Como un gran volumen que emerge del suelo, este proyecto se ha convertido en un elemento característico de una de las zonas nuevas de Granada. Con una planta en esquema de anillo, que responde a la tipología clásica de los edificios de oficinas, su distribución interna lo convierte en un espacio altamente flexible y capaz de adaptarse a necesidades futuras.

Assemelhando-se a um enorme volume que se ergue do chão, este projecto transformou-se em destaque característico de uma das áreas mais modernas de Granada. Com uma planta em forma de círculo típica de edifícios de escritórios, a disposição interna faz dele um espaço extremamente flexível com capacidade para se adaptar a necessidades futuras.

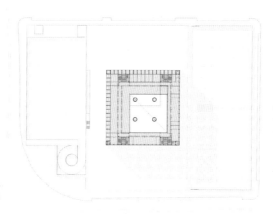

Site plan

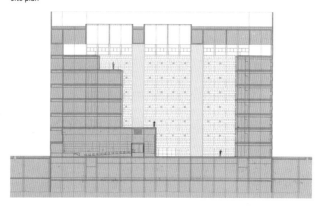

Longitudinal section

The inner courtyard in the middle, which has become a light "impluvium", enhances the light reaching the offices. Light was a key factor in the design of the building, as well as in its orientation.

Il cortile interno, trasformato in un "impluvium" di luce, accresce l'illuminazione degli uffici. La luce costituisce, insieme all'orientamento, uno degli aspetti fondamentali del design dell'edificio.

El patio interior central, convertido en un "impluvium" de luz, aumenta la iluminación de las oficinas. Este aspecto fue decisivo en el diseño de la estructura del edificio, así como en su orientación.

O pátio interior no centro, que se transformou em «impluvium», amplifica a luz que atinge os escritórios. A luz foi um factor chave na concepção do edifício, bem como na sua orientação.

The architects who designed this building defined it as a creative city. Used for the television industry, these premises house not just offices but also other spaces like parks, squares and galleries. The formal and functional structure of the complex meets the needs of the site and allows for a flexible, homogeneous use.

Gli architetti che hanno sviluppato questo progetto lo hanno definito "una città creativa". Destinato al settore televisivo, questo complesso non comprende solo uffici, ma integra altri spazi quali parchi, piazze e gallerie. La struttura formale e funzionale dell'insieme risponde alle esigenze del luogo e consente un uso flessibile e omogeneo.

NEW HEADQUARTERS OF CHILEAN NATIONAL TELEVISION

Gubbins Arquitectos

Santiago, Chile
18,000 m² / 193,750 square feet

Los arquitectos de este proyecto lo definen como una ciudad creativa. Este recinto destinado a la industria de la televisión, no sólo incluye oficinas sino que éstas se complementan con otros espacios como parques, plazas y galerías. La estructura formal y funcional del conjunto corresponde a las necesidades del lugar, y permite un uso flexible y homogéneo.

Os arquitectos que projectaram este edifício definiram-no como uma cidade criativa. Utilizadas para a indústria televisiva, estas instalações alojam não só escritórios mas também outros espaços, tais como parques, praças e galerias. A estrutura formal e funcional do complexo cumpre as necessidades do local e permite uma utilização flexível e homogénea.

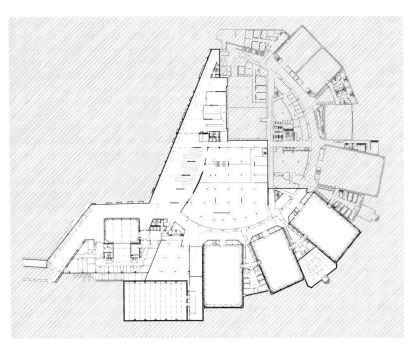

Site plan

The curved structure of the building is accentuated in certain places with convex façades and huge heights. The main materials used for the cladding were stone, concrete and aluminium.

La struttura curva dell'edificio si accentua in alcuni punti con facciate convesse ed enormi altezze. I principali materiali impiegati sono stati la pietra, il cemento e l'alluminio per il rivestimento.

La estructura curva del edificio se acentúa en algunos recintos, de fachadas convexas y grandes alturas. Los principales materiales empleados fueron la piedra, el hormigón, y el aluminio para los revestimientos.

A estrutura curvada do edifício é acentuada em determinados pontos com fachadas convexas e alturas imensas. Os principais materiais utilizados para o revestimento foram a pedra, o betão e o alumínio.

This building is the first international exhibition centre in the city of Shanghai. Located in a strategic, privileged site, the architects developed a design with a markedly urban personality. The painstakingly organised internal layout was based on an efficient and functional vision of the exhibition space.

Questo edificio è il primo centro di esposizioni internazionali di Shangai. Gli architetti hanno sviluppato il progetto di questo complesso, situato in una zona strategica e privilegiata, conferendogli un marcato carattere urbano. La disposizione interna, organizzata minuziosamente, si basa su una concezione efficiente e funzionale degli spazi espositivi.

SHANGHAI INTERNATIONAL EXPO CENTER

Murphy/Jahn

Shanghai, China
300,000 m² / 3,229,173 square feet

Este edificio corresponde al primer centro de exposiciones internacional de la ciudad de Shangai. Ubicado en una estratégica y privilegiada zona, los arquitectos encargados del diseño desarrollaron un proyecto que posee un marcado carácter urbano. La distribución interna, organizada minuciosamente, se basó en una concepción eficiente y funcional del espacio de exhibición.

Este edifício é o primeiro centro de exposições internacional da cidade de Xangai. Situado num local estratégico e privilegiado, os arquitectos desenvolveram um projecto com características nitidamente urbanas. A disposição interna meticulosamente organizada baseou-se numa visão eficiente e funcional do espaço para exposições.

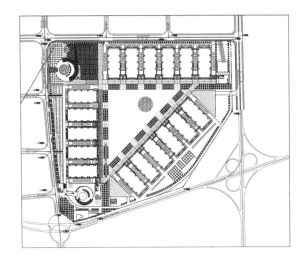

Site plan

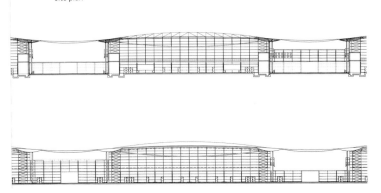

Elevations

The 72-metre high crisscrossing beams serve as the sole structure, with the roof supported above it. The roof is made of gentle undulations and characterises and identifies the exhibition complex.

L'incrocio di travi costituisce una struttura unica di 72 metri su cui poggia il soffitto, formato da soavi ondulazioni, che caratterizza e identifica il complesso espositivo.

El entramado de vigas actúa como una única estructura de 72 metros sobre la que se apoya el tejado, formado por suaves ondulaciones, y que caracteriza e identifica el complejo expositivo.

As vigas entrecruzadas com 72 m de altura funcionam como estrutura única e suportam o telhado. O telhado é constituído por ondulações suaves e caracteriza e identifica o complexo para exposições.

The main idea behind this design was to create a winery with several spaces that would sequence the different phases in the production of organic wine. The first of the two buildings into which the winery is divided houses the reception courtyard and the cask cellar. The second stage in wine production, the bottling, takes place on the lower level. The offices and laboratories are located on the sides.

L'idea alla base di questo progetto era creare un'enoteca costituita da diversi spazi che raccontassero, in sequenza, le diverse fasi della produzione di vino biologico. Nel primo degli edifici che compongono l'enoteca si trovano il cortile di accoglienza e la cantina dei barili. La seconda fase della produzione del vino, l'imbottigliamento, avviene al piano inferiore. Ai lati sono ubicati gli uffici e i laboratori.

BODEGAS VIÑA CHOCALÁN

Marianne Balze Ressler

San Antonio Valley, Chile
5,944 m² / 63,980 square feet

La idea principal de este proyecto fue crear una bodega con varios espacios que ordenasen las distintas fases de la producción de vino orgánico. Dividida en dos naves, en la primera está ubicado el patio de recepción y la bodega de cubas. La segunda etapa, correspondiente al embotellamiento, se realiza en un nivel inferior. Lateralmente se sitúan las oficinas y laboratorios.

A ideia principal subjacente a este projecto foi criar uma adega com vários espaços para as distintas fases da produção de vinho orgânico. O primeiro dos dois edifícios em que se divide a adega aloja o pátio da recepção e a cave das pipas. A segunda fase da produção de vinho, o engarrafamento, realiza-se no piso inferior. Os escritórios e os laboratórios situam-se nos lados.

Longitudinal section

Coss section

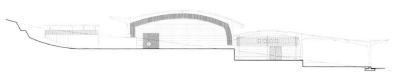

Elevation

The architectural design of these premises were rounded off with excellent landscaping. The winery is surrounded by plantations of vines transplanted from the hills and terraces.

Il design architettonico dell'edificio è completato da un fantastico paesaggio. L'enoteca è circondata da vigneti, trapiantati dalle colline e dalle terrazze.

El diseño arquitectónico de este recinto está complementado con una acertada propuesta paisajística. La bodega es envuelta por plantaciones de viñedos, extraídos de los cerros y terrazas.

O design arquitectónico destas instalações foi apurado com uma paisagem realmente excelente. A adega está rodeada por plantações de videiras transplantadas das colinas e dos socalcos.

To cover the inside, wood and pine panelling were used to create warm atmospheres. In some spaces, like the cask exhibition hall, this effect is enhanced by dim lighting.

Per i rivestimenti interni sono stati impiegati legno e pannelli di pino che creano ambienti caldi e accoglienti. In alcuni spazi, come la sala di esposizione dei barili, questo effetto viene sottolineato da luci soffuse.

Para los revestimientos interiores se emplearon maderas y entablados de pino, creando cálidos ambientes. En algunos espacios, como la sala de barricas de exposición, este efecto se potencia con luces tenues.

Para revestir o interior, foram utilizados painéis de madeira e pinho para criar uma atmosfera calorosa. Em alguns espaços, como o hall de exposição de pipas, este efeito é realçado pela iluminação indirecta.

A detailed study of the terrain, the physical setting, the climate and the water table level determined the conceptual and formal underpinnings of this project featuring contemporary, sustainable architecture. The undulating lines of the buildings merge with nature and are in harmony with the immediate surroundings and the geography of the site.

Dopo un approfondito studio del terreno, del contesto fisico, delle caratteristiche climatiche e del livello freatico, sono state sviluppate le basi concettuali e formali su cui si fonda questo progetto di architettura contemporanea e sostenibile. Le linee ondulate degli edifici si fondono con la natura, in armonia con il circondario e con la geografia del luogo.

CRISTALERÍAS CHILE S.A.
Guillermo Hevia H.

Llay-Llay, Chile
27,500 m² / 296,008 square feet

Tras realizar un estudio minucioso del terreno, el contexto físico, las características climáticas y el nivel freático del suelo, surgieron las bases conceptuales y formales del diseño de este proyecto de arquitectura contemporánea y sostenible. Las líneas ondulantes de los edificios se funden con la naturaleza, en armonía con el entorno inmediato y la geografía del lugar.

Um estudo pormenorizado do terreno, a sua localização física, o clima e o nível do lençol freático determinaram a base conceptual e formal deste projecto, em que se destaca uma arquitectura contemporânea e sustentável. As linhas onduladas dos edifícios fundem-se com a natureza e estão em harmonia com os arredores e com as características geográficas do local.

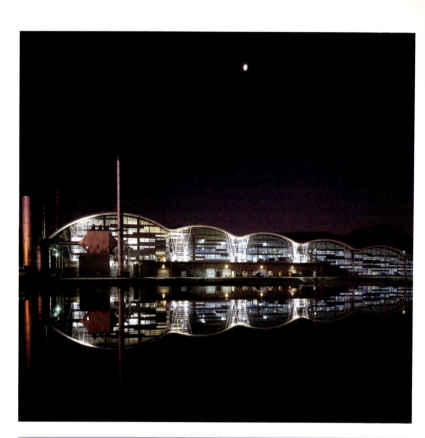

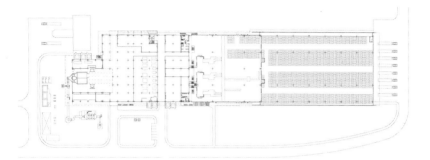

Upper level plan

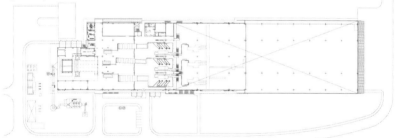

Floor plan

Contemporary architecture that would fit in with the setting was proposed due to the size of the facilities. At night, the transparency of the façade provides an attractive view of the complex.

Debido a la magnitud de las instalaciones se propuso una arquitectura contemporánea que se integra en el entorno. De noche, la transparencia de la fachada ofrece una visión atractiva del conjunto.

Vista l'estensione delle installazioni, è stata proposta una soluzione architettonica contemporanea integrata nel contesto. Di notte, la trasparenza della facciata offre una visione attraente del complesso.

Foi proposta uma arquitectura contemporânea que se ajustasse à localização, dada a dimensão das instalações. À noite, a transparência da fachada proporciona uma vista atractiva do complexo.

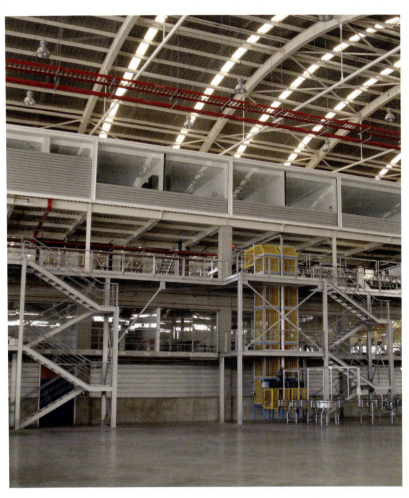

The structure of the main building offers less wind resistance and overcomes the different internal heights, allowing a higher volume of air and a natural wind ventilation system.

La struttura dell'edificio principale offre una minore resistenza al vento e compensa le diverse altezze interne, consentendo un maggiore volume d'aria e un sistema di ventilazione eolica naturale.

La estructura del edificio principal ofrece una menor resistencia al viento y salva las distintas alturas interiores, permitiendo un mayor volumen de aire y un sistema de ventilación natural eólico.

A estrutura do edifício principal oferece menos resistência ao vento e domina as diferentes alturas internas, permitindo um maior volume de ar e um sistema de ventilação natural por acção do vento.

This fire station is located in a strategic point in the city of Santiago, facing the hills to the north and the Andes mountain range. Organised into different areas, it includes not just the station but also a restaurant open to the public. From the street, the building looks like a white concrete volume suspended over a floating glass prism.

Questa caserma dei pompieri è situata in un luogo strategico di Santiago, di fronte alle colline che volgono a nord e alla cordigliera de Los Andes. È organizzata in diverse aree e comprende, oltre al quartiere generale, un ristorante aperto al pubblico. Visto dalla strada, l'edificio appare come un blocco di cemento bianco sospeso in un prisma di cristallo galleggiante.

18TH CHAPTER OF FIREFIGHTERS

Gonzalo Mardones

Santiago, Chile
2,020 m² / 21,743 square feet

Este cuartel de bomberos se ubica en un lugar estratégico de la ciudad de Santiago, abierto a los cerros del norte y la cordillera de Los Andes. Estructurado en diversas áreas, incluye además del cuartel, un restaurante abierto al público. El edificio se muestra hacia la calle como un volumen de hormigón blanco suspendido en un prisma de cristal que queda flotando.

Este quartel de bombeiros está situado num ponto estratégico da cidade de Santiago, virado para as montanhas ao norte e para a cordilheira dos Andes. Organizado em áreas distintas, inclui não só o quartel mas também um restaurante aberto ao público. Visto da rua, o edifício parece um volume de cimento branco suspenso sobre um prisma de vidro flutuante.

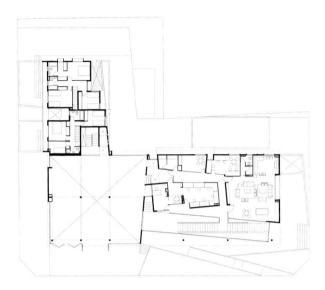

Floor plan

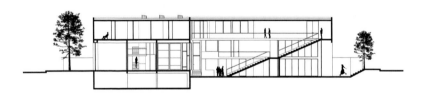

Section

Thanks to the large display window of the glass façade, the building has become a focal point on the street and has regenerated the nearby area, where many cultural events are held.

El edificio, gracias al gran escaparate que forma la fachada de cristal, se transforma en un punto destacable de la calle que ha regenerado el entorno, en el que se celebran diversos actos culturales.

Grazie alla facciata trasparente che appare come un'ampia vetrina, l'edificio si è trasformato in un punto di richiamo del quartiere, rendendo più vivace l'area circostante, in cui vengono organizzati vari eventi culturali.

Graças à grande janela tipo montra da fachada de vidro, o edifício tornou-se um ponto focal da rua e conduziu à reformação da área circundante, onde se realizam diversos eventos culturais.

Located in a part of Santiago with unusual characteristics and associated with key areas and buildings like the public prison and the Cousiño Park, this design entailed a major urban commitment. The complex, which includes several different buildings, is arranged around a large square that offers access to the centre.

Il progetto di questo complesso, situato in una zona di Santiago con caratteristiche inusuali e associato ad aree e costruzioni fondamentali, come il carcere o il Parque Cousiño, ha comportato un compromesso urbano significativo. Formato da diversi edifici, l'insieme è ordinato intorno a una grande piazza che fornisce l'accesso al centro.

SANTIAGO JUSTICE CENTRE

Cristián Boza D. y José Macchi R. Arquitectos Asociados, VSV Arquitectos & Asociados

Santiago, Chile
43,151 m² / 464,474 square feet

Situado en un lugar de Santiago de características peculiares y comprometido con zonas y construcciones importantes como la cárcel pública o el Parque Cousiño, el proyecto implicó un compromiso urbano significativo. El conjunto formado por diversos edificios, se organiza en torno a una gran plaza accesible a todos los visitantes, que resuelve el acceso al centro.

Situado numa zona de Santiago com características invulgares e associado a áreas chave e edifícios como a prisão pública e o Parque Cousiño, este projecto implicou um compromisso urbano significativo. O complexo, que inclui diversos edifícios distintos, está organizado em redor de uma praça ampla que proporciona acesso ao centro.

A system of inner courtyards enhances the building's natural ventilation. In winter, a device installed on the roof gathers and spreads heat to the rest of the space.

Un sistema di cortili interni favorisce la ventilazione naturale dell'edificio. Durante l'inverno, grazie a un dispositivo installato sul tetto, il calore viene accumulato e distribuito al resto degli ambienti.

Un sistema de patios interiores favorece la ventilación natural del edificio. Durante la temporada de frío y gracias a un dispositivo colocado en la cubierta, éstos acumulan y aportan calor al resto del espacio.

Um sistema de pátios interiores optimiza a ventilação natural do edifício. No Inverno, um dispositivo instalado no telhado recolhe e difunde calor para o resto do espaço.

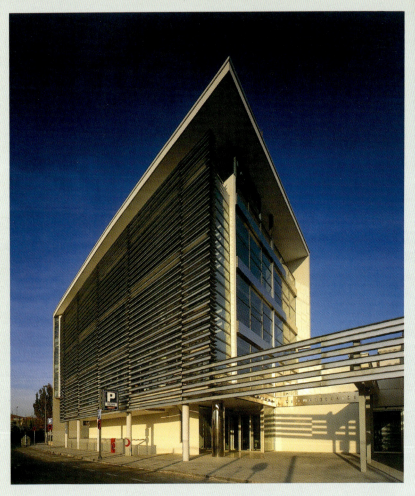

This building, devoted to managing and defending the interests of professionals in the metal industry is located on the outskirts of the Antón neighbourhood, where contemporary features mingle with classical buildings. Despite the project's clearly functional needs, the architects managed to design a structure that also stands out aesthetically.

Questo edificio, destinato alla gestione e alla difesa degli interessi dei professionisti del settore metallurgico, si trova alla periferia del quartiere di Antón, luogo in cui convivono elementi contemporanei e costruzioni di stampo classico. Nonostante le chiare esigenze funzionali del progetto, gli architetti sono riusciti con successo a realizzare una struttura di spicco e grande valore estetico.

FREMM

Vicente Martínez Gadea

Murcia, Spain
12,000 m² / 129,167 square feet

En las afueras del barrio de Antón, lugar donde se mezclan elementos contemporáneos con construcciones clásicas, se localiza este edificio para la gestión y la defensa de los intereses profesionales del sector del metal. Pese a las necesidades claramente funcionales del proyecto, los arquitectos no renunciaron a diseñar una estructura que destacase estéticamente.

Este edifício, consagrado a gerir e a defender os interesses dos profissionais da indústria metalúrgica, situa-se na periferia do bairro de Antón, onde as características contemporâneas se associam aos edifícios clássicos. Apesar dos requisitos claramente funcionais do projecto, os arquitectos conseguiram conceber uma estrutura que também se destaca esteticamente.

The main façade is covered in glass. In front of it, a structure made of steel and aluminium mesh was added to mitigate the excessive heat and filter the sunlight.

La facciata principale è rivestita in vetro. Di fronte ad essa è stata aggiunta una struttura in acciaio e alluminio, per mitigare il calore eccessivo e filtrare la luce solare.

La fachada principal está cubierta por vidrio. Delante de ésta, se añadió una estructura formada por un entramado de acero y aluminio con el fin de mitigar el calor excesivo y filtrar la radiación solar.

A fachada principal é revestida de vidro. Defronte do edifício, acrescentou-se uma estrutura em aço e em malha de alumínio para mitigar o calor excessivo e filtrar a luz solar.

DIRECTORY

pg. 14 **Estudio Lamela Arquitectos**
Calle O'Donell, 34, 6ª planta, 28009 Madrid, Spain
+ 34 91 574 36 00
www.lamela.com

pg. 22 **Studio 3 LHD**
N. Bozidarevica 13/4, HR 10000 Zagreb
+ 385 1 232 02 00
www.3lhd.com
© 3LHD, Aljosa Brajdic

pg. 26/74/116/150 **Despang Architekten**
Am Graswege, 5, D 30169 Hannover, Germany
+ 49 511 88 28 40
www.despangarchitekten.de
© Olaf Baumann

pg. 32 **Gustafson Guthrie Nichol Ltd**
Pier 55, Floor 3, 1101 Alaskan Way Seattle, WA 98101, USA
+ 1 206 903 68 02
www.ggnltd.com

pg. 36 **LAB Architecture Studio**
Level 4, 325 Flinders Lane, Melbourne, Victoria 3000, Australia
+ 61 3 96 12 10 26
www.labarchitecture.com
© Andrew Hoobs, Adrian Lander

pg. 44 **ASPECT Landscape Architecture & urban design**
Level 1, 30-32 Easey Street, Collingwood, Australia
+ 61 3 94 17 68 44
www.aspect.net.au
© Ben Wrigley

pg. 48 **Murphy/Jahn**
35 E Wacker Drive, 300, Chicago, IL 60601, USA
+ 1 312 427 73 00
www.murphyjahn.com
© H.G. Esch

pg. 54 **1100 Architect PC**
475 10th Avenue, 10th Floor, New York, NY 10018, USA
+ 1 212 645 10 11
www.1100architect.com
© Gogortza & Llorella

pg. 58 **Sasaki Associates**
77 Geary Street, 4th Floor, San Francisco, CA 94108, USA
+ 1 415 776 72 72
www.sasaki.com
© Barnett Photography

pg. 64 **KPF - Kohn Pedersen Fox Associates**
111 West 57th Street, New York, NY 10019, USA
+ 1 212 977 65 00
www.kpf.com
© H.G. Esch and Kohn Pedersen Fox

pg. 80 **Ateliers Jean Nouvel**
10 Cité d'Angoulême, 75011 Paris, France
+ 33 1 49 23 83 83
www.jeannouvel.com
© Pep Escoda

pg. 86 **François Bonnefille, Jean-Marie Duthilleul**
163 bis, Avenue de Cliché, Impasse Chalabre, 75847 Paris Cedex 17, France
www.arep.fr

pg. 92 **Steven Holl Architects**
450 West 31st Street, 11th floor, New York, NY 10001, USA
+ 1 212 629 72 62
www.stevenholl.com
© Gogortza & Llorella

pg. 96 **Peter Cook & Colin Fournier**
© Pep Escoda

pg. 102 **Vito Acconci/Acconci Studio**
20 Jay Street, Suite 215, Brooklyn, NY 11201, USA
+ 1 718 852 65 91
www.acconci.com
© Pep Escoda

pg. 108 **HOK**
2876 Cedar Cannon Court, Atlanta, GA 30345, USA
+ 1 404 439 90 00
www.hok.com
© Joseph Romeo Photography, Elisabeth Gill Lui and Alan Karchmer Architectural Photographer

pg. 122 **Jean-Pierre Lott**
31 Rue Coquilliere, 75001 Paris, France
+ 33 1 44 88 94 95
© Pep Escoda

pg. 132 **Jaime Varon, Abraham Metta, Alex Metta/ Migdal Arquitectos**
Avenida Prolongación Paseo de la Reforma, 1236, piso 11, Col. Santa Fe, Deleg. Cuajimalpa, 0534, Mexico D.F., Mexico
+ 52 55 91 77 01 77
www.migdal.com.mx
© Paul Czitrom Baus, Werner Huthmacher

pg. 140 **Ronan and Erwan Bouroullec**
www.bouroullec.com
© Paul Tahon & Ronan Bouroullec

pg. 146 **Theo Hotz Architekten + Planer AG**
Münchhaldenstrasse, 21, Postfach 8034, Zurich, Switzerland
+ 41 44 422 47 33
www.theohotz.com
© Rolf Gähwiler

pg. 156 **Andrea Viviani/Viviani Architetti**
Via Eremitano, 12, 35138 Padova, Italy
+ 39 049 66 14 61
www.andreaviviani.it
© Emil Bosco

pg. 164 **Marco Guido Savorelli Architetto**
© Matteo Piazza

pg. 168 **Richard Rogers Partnership**
Thames Wharf, Rainville Road, London W6 9HA, United Kingdom
+ 44 20 73 85 12 35
www.richardrogers.co.uk
Alonso Balaguer & Arquitectes Associats
Bac de Roda, 40, 08019 Barcelona, Spain
+ 34 93 303 41 60
www.alonsobalaguer.com
© Gogortza & Llorella

pg. 176 **Lazzarini Pickering Architetti**
Via Cola di Rienzo, 28, 00192 Rome, Italy
+ 39 06 321 03 05
www.lazzarinipickering.com
© Matteo Piazza

pg. 182 **Stefano Pirovano**
Via Savona, 11, 20144 Milan, Italy
www.stefanopirovano.com
© Yael Pincus

pg. 186 **Jordi Fernández, Eduardo Gutiérrez/ ON-A**
Doctor Rizal, 8 local 1, 08006 Barcelona, Spain
+ 34 93 218 43 06
www.on-a.es
© Lluís Ros/Optical Addiction

pg. 196 **Atelier Jean Nouvel**
www.jeannouvel.com
Fermín Vázquez/b720 Arquitectos
www.b720.com
© Òscar García

pg. 204 **Alberto Campo Baeza**
Almirante, 9, 2º Izquierda, 28004 Madrid, Spain
+ 34 91 701 06 95
www.campobaeza.com
© Hisao Suzuki

pg. 210 **Gubbins Arquitectos**
El Gobernador, 020, Oficina 302, Providencia, Santiago, Chile
+ 56 2 333 10 99
www.gubbinsarquitectos.cl
© Juan Purcell, Marcos Mendizabal, Pedro Gubbins

pg. 218 **Murphy/ Jahn**
35 E Wacker Drive, 300, Chicago, IL 60601, USA
+ 1 312 427 73 00
www.murphyjahn.com
© Doug Snower, Miuzhijang Yangqitao, Chen Bairong

pg. 222 **Marianne Balze Ressler**
© Sebastián Sepulveda, Cristián Donoso

pg. 230 **Guillermo Hevia H.**
Don Carlos, 3187, Departamento A, Las Condes, Santiago, Chile
+ 56 2 231 15 17
www.guillermohevia.cl
© Sergio Contreras, Guillermo Hevia

pg. 236 **Gonzalo Mardones**
Augusto Leguía Sur, 160, Oficina 71, Santiago, Chile
+ 56 2 676 05 30
www.gonzalomardonesv.cl
© Gonzalo Mardones Arquitecto

pg. 244 **Cristián Boza D. y José Macchi R. Arquitectos Asociados**
Callao 2988, Oficina 1, Las Condes, Santiago, Chile
+ 56 2 231 43 78
www.bozaarq.com
VSV Arquitectos & Asociados
Avenida Comodoro Rivadavia, 1717, Buenos Aires, Argentina
+54 11 47 03 33 83
www.vsv.com.ar

pg. 250 **Vicente Martínez Gadea**
© David Frutos